악법도 법이다,
소크라테스는
말하지 않았다

악법도 법이다, 소크라테스는 말하지 않았다

(10대를 위한 철학 콘서트, 고대 그리스 철학의 모든 것)

[행복한 청소년®] 시리즈 No. 07

지은이 ㅣ 리강
발행인 ㅣ 홍종남

2018년 10월 18일 1판 1쇄 인쇄
2018년 10월 25일 1판 1쇄 발행

이 책을 만든 사람들
책임 기획 ㅣ 홍종남
북 디자인 ㅣ 김효정
교정 교열 ㅣ 김재민
제목 ㅣ 구산책이름연구소
출판 마케팅 ㅣ 김경아

이 책을 함께 만든 사람들
종이 ㅣ 제이피씨 정동수 · 정충엽
제작 및 인쇄 ㅣ 천일문화사 유재상

펴낸곳 ㅣ 행복한미래
출판등록 ㅣ 2011년 4월 5일. 제 399-2011-000013호
주소 ㅣ 경기도 남양주시 도농로 34, 부영e그린타운 301동 301호(다산동)
전화 ㅣ 02-337-8958   팩스 ㅣ 031-556-8951
홈페이지 ㅣ www.bookeditor.co.kr
도서 문의(출판사 e-mail) ㅣ ahasaram@hanmail.net
내용 문의(지은이 e-mail) ㅣ reegang@hanmail.net
※ 이 책을 읽다가 궁금한 점이 있을 때는 지은이 e-mail을 이용해 주세요.

ⓒ 리강, 2018
ISBN 979-11-86463-36-9
〈행복한미래〉 도서 번호 067

악법도 법이다,
소크라테스는
말하지 않았다

| 리강 저 |

교과서가 소크라테스를 묻었다

    학교에서 배웠듯이 소크라테스는 죽기 전에 "악법도 법이다."라고
말했을까? 어이없게도 소크라테스는 이렇게 말한 적이 한 번도 없다. 소
크라테스 죽음을 다룬 책은 『크리톤』과 『파이돈』인데, 두 책을 아무리
살펴보아도 이 말은 없다. 그렇게 오랫동안 학교 선생님은 학생들에게,
소크라테스 같은 성인이 탈옥할 수 있었음에도 도망치지 않고 기꺼이
독배를 마시며 마지막으로 "악법도 법이다."라고 말했다고 가르쳤는데
말이다. 도대체 어찌된 일일까? 무엇 때문에 누가 이런 엉뚱한 거짓말을
지어낸 것일까? 바로 이 점이 필자가 책을 쓰게 된 동기다.

    학교나 가정, 사회에서 우리가 배운 지식 중에는 소크라테스의 얼토
당토아니한 유언처럼 잘못된 것이 얼마나 많을까? 청소년에게 이 잘못
된 지식을 계속 가르치도록 내버려 두어야 할까? 이런 잘못된 지식을 배

운 청소년에게는 별 문제가 없을까? 청소년을 걱정하기 전에, 필자부터 이런 잘못된 지식을 배우고 세계관이나 가치관 혼란을 겪지는 않았을까?

소크라테스가 했다는 "악법도 법이다."라는 말은 사실 로마의 격언 "두라 렉스(dura lex), 세드 렉스(sed lex)"에 근거를 둔다. "법은 엄하지만, 그래도 법이다."라는 의미다. 아무리 엄하고 악한 법이라도 법은 법이니까 그 법을 지켜야 한다는 것으로, 로마인이 얼마나 법치 질서를 중요하게 생각하는지 엿볼 수 있다. 하지만 로마 권력자들은 이 격언을 빌미로 저항하는 자들을 아주 쉽게 제압했으리라. "나에게 저항하는 것은 곧 로마법을 어기는 것이고, 로마법을 어기는 것은 로마 제국을 부정하는 것이다."

일본 제국이 이 격언을 식민지 조선에 들여온 것도 어쩌면 당연하다. 일제 강점기에 세운 경성제국대학교(현재 서울대학교)는 식민지 조선의 똑똑한 청년을 뽑아 일본 제국 건설에 봉사하도록 했다. 특히 법학과 조선인 학생은 일본 제국 법으로 식민지 조선을 수월하게 통제하고 관리할 수 있도록 앞잡이가 되어 주어야 했다. 오다카 도모오 교수는 1937년에 펴낸 『법철학』에서 이 로마 격언을 인용하며, 소크라테스가 독배를 마시고 죽은 것도 실정법을 존중했기 때문이라고 말한다.

"소크라테스 같은 성인조차 아무리 악법이라도 실정법인 이상은 지켜야 한다고 말하지 않느냐? 게다가 독배까지 마시지 않았느냐? 그런데 너희 식민지 조선의 무지몽매한 자들이 주제넘게 제국 법을 무시하거나 어겨서야 되겠느냐? 제국 법이 아무리 악법이라도 순순히 그 법에 따라야 하느니라."

소크라테스가 "악법도 법이다."라고 말했다는 것은 명백한 조작이다. 일본 제국이 이 말을 지어낸 것은 조선인을 노예처럼 부려 맹목적으로 일본 제국 법을 따르도록 만들려는 의도에서다. 그런데도 이 말은 해방 후에도 사라지지 않았다. 이승만 정권이나 박정희 정권, 그 이후 정권에서도 지속적으로 학생들에게 이 말이 사실인 것처럼 가르친다. 어쩌면 일본 제국이나 해방 후 정권들은 똑같은 입장이었는지도 모르겠다.

이런 사정을 생각하면 얼마나 많은 것을 왜곡하고 조작했을지 생각만으로도 소름이 돋는다. 이미 잘 안다고 여기는 소크라테스와 소피스트가 사실은 잘 모르는 사람들일지도 모른다. 그래서 우리는 우리 자신을 의심해 보아야 할지도 모른다. 마치 데카르트가 자신의 제1명제인 "코기토 에르고 숨(cogito ergo sum)"에 이르려고 철저하게 의심했듯이 말이다. 이런 의심을 출발점으로 삼아 우리도 올바른 소크라테스와 소피스트에 이르러야 하리라. 아니, 그보다는 니체가 되어야 하리라. 기존 서양 철학 전체를 망치로 두들겨 깨부수고 새로운 철학 토대를 마련한 니체처럼 기존 소크라테스와 소피스트를 깨부수고 새로운 소크라테스와 소피스트 상을 세워야 하리라.

그것은 과거 속에 묻힌 철학을 '내' 삶의 현장 속에서 되살리는 길일 것이다. 교과서 속에서 암기할 지식인 철학이 아니라 삶의 지침이 되는 철학으로 깨어나게 하리라 믿는다. 이것은 한국 교육 시스템이 지닌 문제점을 해결하고 새로운 장을 열어 줄 것이다.

니체─스럽게 접근한다는 것은 구체적으로 어떻게 접근하는 것일까? 불교에는 이런 선문답이 있다. "달을 손가락으로 가리키는데 왜 달은 보지 않고, 자꾸 그 손가락만 쳐다보느냐?" 이것을 니체─스럽게 바꾸면 이렇다. "달을 손가락으로 가리키면 그 달도 보아야 하겠지만, 그 달을 가리키는 손가락 주인이 누구인지, 그리고 그 사람 주위에는 어떤 것들이 배치되어 있는지도 보아야 한다." 물론 소크라테스와 소피스트가 한 말이 어떤 뜻인지도 알아야겠지만, 소크라테스와 소피스트가 당시 어떤 정치·사회적 상황에서 이 말을 했는지, 그것으로 궁극적으로 어떤 효과를 거두었는지 등도 알아야 한다.

흔히 소피스트를 궤변론자라고도 하는데, 정말 그럴까? 소피스트가 궤변론자가 아니라면 소피스트에게 누명을 뒤집어씌운 자는 어떤 정치·사회적 의도에서 이렇게 했을까? 소크라테스를 4대 성인이라고 하는데, 정말 성인일까? 소크라테스가 성인이 아니라면, 그를 성인으로 만들어 어떤 효과를 노리려고 거짓말을 했을까?

이 책은 교과서가 말하지 않는 아포리아(aporia)를 일깨울 수 있을까? 아포리아는 원래 헬라어(고대 그리스어)로 "앞이 꽉 막힌 막다른 골목"이라는 의미다. 철학에서는 풀기 어려운 과제, 해결할 수 없는 숙제 등을 비유하는 말로 쓴다. 지금부터 2500여 년 전 소크라테스나 소피스트가 그토록 진지하게 몰입하여 고민한 문제들은 하나같이 바로 이런 철학적 난제들이었다. 살아가면서 끊임없이 부딪칠 수밖에 없는 삶의 난제 말이다. 소크라테스와 소피스트 것이지만 우리 것이기도 한 아포리아 말이다.

결국 우리 아포리아를 고대 아테네인의 아포리아와 연결·접속하려면 '의심하는 힘'을 길러야 한다. 이제까지 머릿속을 어지럽히던 지식들을 의심하지 않으면 우리 앞에 놓인 아포리아는 해결할 수 없다. 의심해 보고 그 의심이 풀리지 않으면 더 많은 자료를 탐색하고, 그 탐색한 자료들을 종합적으로 비판해서 마침내 새로운 의미와 가치를 찾아낼 수 있어야겠다.

그렇다고 마냥 어려운 철학책이 되어서는 안 되겠다. 이해하기 어려운 철학이라고 아예 접근하지 않는다면 학생들에게 의심하거나 비판할 수 있는 기회조차 주지 못하기 때문이다. 그래서 각 주제를 시작하기 전에 가상의 학생 '혜지'와 필자가 대화를 주고받는 형식으로 주제에 이해를 돕고자 한다. 모쪼록 여러분이 맞이한 아포리아를 통쾌하게 풀어내기를 간절히 소망한다.

리 강

1부.

철학자는 정말 궤변론자인가?

2부.

'정의는 죽었다': 철학자의 논쟁이 시작되다

3부.

소크라테스 찬양 클럽 vs 소크라테스 양아치 클럽

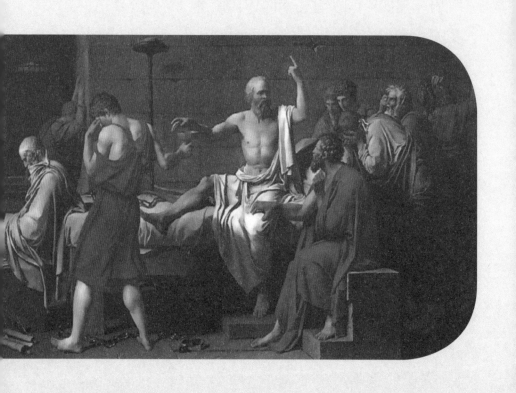

1부

철학자는 정말 궤변론자인가?

1
아테네에는
'국가에 충성해야 한다'는 개념이 없다

강 샘   혜지, 안녕.

혜지   안녕하세요. 강 샘!

강 샘   그래, 오늘은 무엇이 궁금하지?

혜지   아, 네. 학교 교과서에 이해하기 힘든 말이 있어서요.

강 샘   엥? 혜지가 이해하지 못하는 것도 있단 말이야?

혜지   그러게요. 교과서에는 '나라에 충성하고 부모에 효도하라'는 말
이 참 자주 나와요. 그런데 왜 나라에 충성하고 부모에게 효도해
야 하는지 이해할 수 없어요.

강 샘   헐, 이거 제법 심각한데…….

혜지   무조건 나라에 충성하라고 하면 나라를 위해 개인은 희생해도 좋
다는 말이잖아요. 저는 그것을 이해할 수 없어요. 어떻게 나라가

개인에게 맹목적으로 희생을 요구할 수 있단 말이에요?

강 샘   그러게 말이다. 사실 고대 아테네에는 이런 말이 없단다. 소크라테스나 소피스트가 살던 시대에는 폴리스가 구성원에게 맹목적인 희생을 결코 강요하지 않았단다.

혜지   정말요? 그럼 왜 우리 교과서에는 이런 말이 있죠?

강 샘   글쎄, 나도 그게 의문이야. 그렇지만 굳이 추측해 보자면, 일제 때 교과서를 만들었다 보니 그렇게 되지 않았을까 생각해.

혜지   일제 강점기까지 거슬러 올라가야 하나요?

강 샘   그렇단다. 일제가 한반도에 강제로 들어오면서 식민지를 원활하게 관리하고, 식민지 조선인도 일제에 순종하도록 만들고 싶었을 거야.

혜지   아, '나라에 충성'이라는 말은 곧 식민지 조선인이 일제에 맹목적으로 순종하라는 말이 되네요.

강 샘   그렇지, 바로 그거야!

'나라에 충성! 부모에게 효도!' 한국에 사는 우리는 이것을 상식을 넘어 절대 진리처럼 느낀다. 하지만 우리에게 상식이고 진리라고 해서 지구 위에 있는 모든 사람에게도 상식이고 진리인 것은 아니다. 고대 아테네 소피스트와 소크라테스가 활동하던 시대에는 이런 말이 참 낯설었다. 고대 아테네인은 아예 이런 개념을 생각하지도 않았다. 어째서일까?

첫째, 고대 아테네는 현대처럼 거대 국가 시스템이 아니다. 대한민국

인구는 지금 5000만 명이 넘지만, 고대 아테네 폴리스는 많아야 20만 명이고 적으면 10만 명 정도다. 30세 이상 남성으로서 시민권을 가진 사람은 불과 몇 천 명 정도였으니, '나라에 충성'이라는 말을 고대 아테네 폴리스에서는 잘 받아들일 수 없었을 것이다.

둘째, 대한민국에서 '나라에 충성'은 지나치게 추상적이지만, 고대 아테네에서는 그렇지 않다. 한국인은 어릴 때부터 막무가내로 '나라에 충성! 부모에게 효도!'를 세뇌당한다. 조금은 맹목적이고 의미도 불분명한 채로 받아들인다. 막상 '나라에 충성!'하고자 하면, 실제로는 특정 정치권력을 쥔 자에게 희생하고 봉사하는 것이 되어 버린다. 정치권력을 쥔 자가 자신의 욕심을 채우려고 전쟁을 일으켜 놓고는 무고한 젊은이들을 동원하는 데 그 막연하고 추상적인 '나라에 충성!'을 내세운다.

하지만 고대 아테네에서는 이런 맹목적 표어가 통하지 않는다. 아테네 시민들은 분명한 이유가 있어야 전쟁터에 나가 목숨을 바친다. 그 분명한 이유란 바로 자신의 가족이다. 아내와 자식들을 지키고자 어쩔 수 없이 전쟁터에 나가야 한다면, 그들은 주저하지 않고 목숨을 바친다. 외적이 쳐들어오는데 나 몰라라 한다면 적의 손에 아내와 자식들이 죽임을 당하게 내버려 두는 것이니 말이다. 아테네 시민에게 이것이야말로 가장 큰 치욕이다. 그러니까 아테네 시민은 가족을 지키고자 목숨을 바친 것이지 '나라에 충성'하려고 희생한 것이 아니다.

고대 아테네인은 누구 할 것 없이 모두 국방의 의무를 다한다. 그리고 정말 단합을 잘 한다. 대한민국 상류층 대부분이 병역 미필인 것과는 대조적이다. 왕족, 귀족, 평민 할 것 없이 모두 함께 힘을 합쳐 용감하게 적과 싸운다. 어떻게 이렇게 공동체적 결속(philia: 필리아)이 강했을까?

첫째, 북방 도리아인이 침입한 것이 중요한 계기다. 북방 도리아인은 기원전 1100년에 쳐들어온다. 헬라스인이 야만인이라고 깔보던 민족이 쳐들어온 것이다. 하지만 이것은 헬라스인의 '우물 안 개구리'식 평가다. 당시 북방 도리아인은 헬라스인보다 전쟁 능력이 훨씬 앞서 있었다. 북방 도리아인은 그리스 반도의 모든 폴리스를 초토화시킨다. 왕정 체제를 유지하던 폴리스 안에는 더 이상 왕도 없고 신하도 없다. 왕을 비롯한 왕족도 죽고 귀족도 죽고 평민조차 죽어서 더 이상 왕정 체제를 유지할 수 없는 지경이 된다.

고대 아테네인에게 자유와 평등이 찾아올 수 있었던 것은 북방 도리아인의 공이 크다. 그리스 반도의 폴리스들은 북방 도리아인들이 재차 쳐들어올 것에 대비하지 않을 수 없었는데, 살아남은 건장한 남성들은 겨우 몇 명밖에 되지 않았다. 몇 명밖에 안 되는 병력으로 북방 도리아인을 상대하는 데 가장 중요한 것은 내부 결속이다. 내부 결속을 다져야만 살아남는다. 왕족이니 귀족이니 평민이니 따위의 계급적 차별이 내부 결속을 저해한다면 과감히 철폐해야 한다. 모두가 동등한 입장에서 동지애(필리아)로 뭉쳐야 적들을 막아 낼 수 있다.

둘째, 전쟁은 헬라스인을 피로 맺은 동지로 만든다. 북방 도리아인이 다시 쳐들어오면, 먼저 노약자와 부녀자는 높은 언덕 위 성벽으로 두른 아크로폴리스로 피신시킨다. 그리고 산촌, 어촌, 평지의 10개 부족 30세 이상 시민들이 모여 전쟁 준비를 한다. 아테나 폴리스 안에 있는 30세 이상의 성인 남성, 시민권자들이 전쟁터에 나가 절반 정도 죽을 즈음이면 그들의 자식 세대는 이제 겨우 10대가 된다. 그 10대가 20대에 접어들 즈음이면 아버지 세대의 1/3도 전쟁터에서 살아서 돌아오지 못한다. 마침내 아들이 30세가 되어 시민권을 얻을 즈음이면 아버지 세대의 극소수만이 살아남는다.

아내와 자식들을 지키려고 전쟁터에 나간다는 공통점을 생각해 보면, 그들은 또 다른 의미에서 강력한 결속력을 지닌 공동체가 될 수밖에 없다. 산촌, 어촌, 평지에 사는 부족들은 정기적으로 아크로폴리스 광장에 모여 폴리스의 안위를 걱정하는 회의를 연다. 서로가 물물 교환 경제 활동도 한다. 이 물물 교환은 이윤 추구라는 현대 자본주의 시장 경제 활동이 아니다. 선물에 가까운 물물 교환이다. 그것이 또 한 번 내부 결속을 다진다. 이들은 항상 미래의 전쟁터에 나가 함께 피를 흘릴 것이라고 예감한다.

아테네 폴리스는 더 이상 계급적 차별과 참정권 제한을 고집할 수 없다. 왕과 왕족, 귀족이 정치에 참여할 수 있는 권한을 자신들만 갖겠다 고집한다면, 평민의 자발적이고 적극적 전쟁 참여를 이끌어 낼 수 없다. 평화 시기에 아무런 권리를 누리지 못하던 평민이 굳이 전쟁터에 나가서 목숨 걸고 싸워야 할 이유가 없기 때문이다. 평민에게도 왕족이나 귀족과 동일한 참정권을 주어야 한다. 그들과 필리아로 단단하게 결속해야 한다. 그래서 마침내 기원전 5세기경 페리클레스가 중요한 선언을 한다.

나도 우리가 적을 물리침으로써 무엇을 얻을 수 있는지 여러분에게 장광설을 늘어놓을 수 있으며, 여러분도 나 못지않게 그 사실을 잘 알고 있습니다. 그러나 내가 바라는 것은 오히려 여러분이 날마다 우리나라의 힘을 실제로 보고 우리나라를 사랑하는 것이며, 우리나라를 위대하게 만든 것은 모험심이 강하고 자신의 의무가 무엇인지 알고 그 의무를 다하는 것에 자부심을 느낀 사람들이라는 사실을 기억하는 것입니다. 이 분들은 전투에서 주어진 사명을 수행하다 실패할 것이라고 생각할 때도 조국을 위해 자신들이 할 수 있는 최선을 다함으로써 용기를 보여 주었습니다. 그래서 이들은 나라를 위해 목숨을 바치고 그 대가로 불멸의 명성을 얻었고, 가장 영광스러운 무덤에 묻혔습니다. 여러분은 이제 마땅히 이 분들을 본받아, 행복은 자유에 있고 자유는 용기에 있음을 명심하고 전쟁의 위험 앞에서 너무 머뭇거리지 마십시오.

페리클레스는 이 연설에서 조국을 위해 기꺼이 목숨을 바치라고 말한다. 하지만 여기서 조국을 위해 목숨을 바치라는 것은 단지 추상적이고 관념적 조국을 위해 구체적이고 실제적 생명체인 개인의 목숨을 바치라는 의미가 아니다. 또 특정 정치권력을 비호하려고 시민의 목숨을 내놓으라는 의미도 아니다. 페리클레스가 목숨을 바치라고 말하는 것은 아테네에 있는 가족과 이웃과 친구의 자유와 행복을 지키자는 의미다. 아테네 폴리스 공동체를 지켜서 가족과 이웃과 친구의 자유와 행복을 보장하려면 시민권자인 우리가 목숨을 바치는 용기를 가져야 한다고 호소한다. 그러고 보면 아테네 시민들의 참정권은 전쟁터에 나가 죽어야 할 의무와 맞바꾼 것이 아닐까 싶다. 참정권은 곧 전사권(戰死權)인 셈이다.

2

아테네는 직접 민주주의 사회가 아니다

혜지 안녕하세요, 강 샘. 고대 아테네 말이에요.

강 샘 그래, 고대 아테네의 어떤 점이 궁금하지?

혜지 직접 민주주의를 했다고 교과서에 나와 있는데, 사실인가요?

강 샘 아하, 고대 아테네가 직접 민주주의를 했다는 것을 믿기 어렵구나!

혜지 네. 현대에도 하기 힘든 직접 민주주의를 고대 아테네가 했다니 정말 믿기지 않아요.

강 샘 고대 아테네가 직접 민주주의를 했다는 것은 반쯤은 맞고 반쯤은 틀린 말이란다.

혜지 네에! 반은 맞고 반은 틀리다고요?

강 샘 그래, 어떤 면에서 보면 고대 아테네가 직접 민주주의를 했다는 말이 맞고, 어떤 면에서 보면 틀린 말이야.

혜지   그럼, 무작정 고대 아테네는 직접 민주주의를 했다고 하면 안 되 겠네요.

강 샘   그렇지. 그렇게 무작정 말해서는 안 되지.

혜지   그런데 왜 고대 아테네가 직접 민주주의를 했다는 말이 반은 맞고 반은 틀리죠?

기원전 5세기 중엽, 폴리스들은 반(反) 페르시아 동맹을 형성해서 페르시아의 침략(기원전 460~430년)을 막아야 했다. 아테네 해군은 테미스토 클레스를 중심으로 수십 척의 배로 살라미스 해에서 엄청난 수의 페르 시아 배를 물리친다. 이것이 바로 세계 해전 역사에 길이 남을 살라미스 해전이다. 살라미스 해전에서 이긴 아테네 폴리스는 부수적 이익을 얻 는다. 바로 그리스 반도의 다른 폴리스들에 경찰 노릇을 하게 된 것이다. 아니, 정확히 이야기하면 동네 양아치 형 노릇이다. 그리스 반도의 폴리 스들을 외적에게서 지켜줄 테니 조공을 바치라고 요구한다. 이제 아테 네 폴리스는 제국이다.

페리클레스는 아테네 직접 민주주의를 융성시킨다.

이웃 폴리스가 바친 조공을 받아 아테네 폴리스 제국은 엄청난 물질적 풍요를 누린다. 물질적 풍요를 바탕으로 정치, 제도, 문화도 탁월하게 발전한다. 모든 시민에게는 동등하게 정치에 참여할 수 있는 기회를 준다. 교과서에서 자주 언급하는 '고대 아테네 직접 민주주의'를 실현한 순간이다. 바로 이 고대 아테네 직접 민주주의 영광을 처음으로 이룬 사람이 페리클레스다.

우리 헌법을 가리켜 민주주의 헌법이라고 한다. 권력이 소수 특권자에게 있지 않고 대다수 시민에게 있기 때문이다. 개인과 개인 사이의 이해관계 때문에 문제가 생겼을 때 법은 만인을 평등하게 대하며, 그 문제를 해결한다. 공적인 책임을 맡아야 하는 높은 자리에 누구를 앉힐지가 문제라면, 그 사람이 특정 계층에 속해서 편협할 수 있는지를 잘 따져 본다. 그렇다면 결코 그 사람에게는 높은 자리를 맡기지 말아야 한다. 오로지 그 사람이 공적인 직무를 공평무사하게 잘 처리할 수 있는지만 따져서 관직을 맡길 것이다.

페리클레스는 폴리스의 권력이 소수 특권자에게 있지 않고 시민 모두에게 있다고 말한다. 폴리스 정치는 민주주의 헌법에 보장된 바에 따라 활동해야 하기 때문이다. 공직을 맡길 때도 오로지 그 사람이 지닌 능력만 평가 기준으로 삼아 맡기겠다고 한다. 왕족이나 귀족의 특권을 염두에 두고 공직을 맡기지는 않겠다는 것이다. 이것은 현대 민주주의 국가 안에서도 쉽지 않은 일인데, 페리클레스는 기원전 아테네에서 하겠다고 공언한다.

이 연설만 두고 본다면, 분명 고대 아테네는 인류사에서 가장 먼저 직접 민주주의를 시행한 국가다. 하지만 이 연설의 표면적 의미만 보아서는 안 된다. 아테네 시민들이 평등한 참정권을 누릴 수 있는 것은 이웃 폴리스들의 조공 때문이다. 조공이란 이름으로 이웃 폴리스들을 엄청나게 착취하고 수탈해서 아테네 폴리스는 자유와 평등을 누린다. 즉, 제국주의적 착취와 수탈이 없었으면 아테네 직접 민주주의는 불가능했다.

게다가 아테네 폴리스 안에 있는 사람이라고 모두가 참정권을 받은 것도 아니다. 30세 이상 남성 중 시민권을 얻은 사람만이 자유롭고 평등하게 정치에 참여할 수 있다. 어린아이, 여자, 노예, 외국인 등은 어림도 없다. 전쟁터에 나가 아테네 폴리스 공동체를 위해 목숨을 바칠 수 있는 사람에게만 참정권을 주니, 진정한 의미의 자유와 평등이라고 할 수 없다. 아테네 정치 지배자들이 마지못해 참정권을 부여한 것을 두고 직접 민주주의라고 해도 되는지 모르겠다.

인류의 자유와 평화를 지킨다는 대의명분을 내세워 테러리스트를 척결해야 한다는 구실을 대며, 거대 제국은 끊임없이 군대를 파견하고 전쟁을 일으킨다. 그곳에서 거대 제국의 군대는 무고한 사람들을 죽이고 자원을 약탈한다. 이웃 나라에서는 방위비라는 이름으로 조공도 받는다. 그리고 이것으로 제국 시민들은 풍요와 번영과 자유와 평등을 누린다. 제국 시민들은 이런 진실을 모른 척하거나 자기 합리화해 버린다.

이런 모순성은 한 국가 안에서도 발견할 수 있다. 도시인이 안락하고 풍요로운 삶을 사는 것은 도시 밖에 사는 사람들을 착취하고 수탈하기 때문이다. 농민이 채소나 과일을 애써 키워 놓으면 도시에서 온 상인이 헐값에 사 버린다. 어촌 마을이 황폐화되더라도 원자력 발전소와 고압 철탑을 세워 도시인에게 전력을 공급한다. 그러면서도 한 국가의 문화나 복지 혜택은 모두 도시인에게 베푼다.

그래서 고대 아테네 실상을 다시 살피게 된다. 고대 아테네에서 한 직접 민주주의는 진정한 의미의 민주주의인가? 고대 아테네가 민주주의라면, 제국주의는 민주주의란 말인가? 민주주의를 이룰 수 있다면 제국주의적 착취와 수탈은 용납해도 되는가? 모든 인류가 자유롭고 평등하며 행복하게 살 수 있는 진정한 의미에서 민주주의 체제는 불가능하단 말인가? 이런 많은 물음이 고대 아테네 직접 민주주의 주위를 유령처럼 떠돌아다닌다.

3
소피스트들은 정말
궤변론자일까?

강 샘 혜지, 또 만났네.

혜지 네 샘. 또 여쭤어보고 싶은 것이 있어서요.

강 샘 이번에는 뭐지?

혜지 소피스트 말이에요. 고대 아테네에서 활동했다는 궤변론자요.

강 샘 그래, 현대에는 소피스트를 궤변론자라고 부르지.

혜지 소피스트들이 정말 얼토당토아니한 말을 한 궤변론자였나요? 그
것이 궁금해요. 왠지 그런 사람은 아니었을 것 같은데……. 교과
서에서는 소피스트를 사기꾼 비슷한 사람으로 묘사하니 말이
에요.

강 샘 그렇구나. 그리고 보면 교과서에 잘못된 내용이 제법 많구나. 소
피스트 중에는 궤변론자도 있었겠지. 하지만 소피스트 전부를 궤

변론자라고 하는 것은 잘못이야. 소피스트는 원래 '지혜로운 자'라는 뜻이거든. 그러니 모든 소피스트를 궤변론자로 매도하는 것은 분명히 왜곡이나 조작을 했다고 할 수 있어.

혜지 그러게 말이에요. 소크라테스는 성인으로 추대하고 소피스트는 궤변론자로 깎아내리는 데는 무언가 감추어진 의도가 있어 보여요.

우리 아테네는 시민들의 모임에서 폴리스를 운영할 바람직한 정책을 도출해 낼 수 있으며, 그 정책 결정 과정은 공적인 토론에 부치는 형식이 될 것이다. […] 우리 아테네인들은 말과 행동이 모순되지 않기 때문이다. 가장 좋지 않은 경우는 충분한 토론도 하지 않고 성급하게 정책을 도출하는 것이다.

페리클레스의 연설에서 알 수 있는 것처럼 고대 아테네인은 원래 토론 경쟁하기를 좋아한다. 페리클레스가 모든 시민에게 참정권을 부여하기 이전에도 아테네인은 광장에 모여서 토론하기를 즐겼다. 그들은 말한다.

"토론이 즐겁기만 하면 아무리 나쁜 토론이라도 기꺼이 참여하겠다."

그들은 틈만 나면 소송을 벌이고, 논쟁을 하고 즐거워한다. 소송을 벌이는 자신의 모습을 대견해한다.

아테네인은 정치조차 토론 경쟁 형태로 한다. 고대 아테네 정치는 웅

변 경쟁이나 논쟁적 형태이다. 논쟁 장소는 주로 아고라(agora)인데, 아고라는 시장이기도 하고 정치적 회합 장소이기도 하다. 원래 아고라는 미케네 시절의 군인 집단 민회를 열던 곳이다. 미케네 시절, 아고라에서 전사들은 집회를 갖고 군사적 편제를 가다듬었다. 이후 과두 정치 시대에는 단순한 시민들의 회합 장소였다 민주 정치 시대에 드디어 아고라는 시민 정치 민회 장소가 된다.

아고라에서 열리는 시민들의 토론은 어떤 성격일까? 헤시오도스(기원전 7세기경 서사 시인)가 말했듯이 모든 대결은 평등성(isonomia: 이소노미아)을 전제로 한다. 동등하지 않은 지위이면 서로 경쟁하지 않는다. 왕이나 귀족이 평범한 시민과 경쟁하는 것은 허락할 수 없다. 왕, 귀족, 일반 시민 권자 모두가 동등한 위치에 있을 때라야 경쟁할 수 있다(현대 자본주의의 '자유 경쟁'과 비교된다).

그래서 아테네 광장의 표어는 '인민에게(es to koinon: 에스 토 코이논)'다. 왕과 귀족에게만 있던 정치적 심의와 결정 권리를 모든 평등한 시민에게도 부여한다. 폴리스 배치도 다르다. 과거 왕정 체제에서는 도시 건축물을 왕궁 요새를 중심으로 그 주변에 배치했다면, 이제는 폴리스 시민들이 모이는 광장 한가운데에 공동체 공유의 화덕을 두고 광장을 에워싸며 건물들을 배치한다. 왕궁이 아니라 인민의 광장, 인민의 화롯불이 폴리스 중심이 된 것이다.

시민권자 누구나 참정권을 갖게 되자 말싸움 기술 또는 '말발'이 문제가 된다. 말싸움에서 이기면 정치적 입지도 얻고 더 많은 권리를 누리지만, 지면 그만큼 정치적 손해도 감수해야 한다. 연설을 잘해서 많은 사람을 설득하여 제 편을 만들면 최고 영광을 누릴 수 있다. 이제 그 어떤 신보다 설득의 여신 페이토에게 더없이 높은 신성을 부여한다.

하지만 아테네 정규 교육이 문제다. '말발'을 키우는 데 별 도움이 안 된다. 14세까지 학교 정규 교육은 겨우 읽기와 쓰기, 음악, 스포츠, 체조, 약간의 수학, 많은 서사시 등을 가르친다. 이것들을 아무리 배워 보았자 광장에 나가서 연설하거나 토론하는 데는 쓸모가 없다. 일방적 주입식·암기식 지식 교육으로는 다수 청중을 감동시킬 수도 없고, 반대 의견을 보이는 사람들을 효과적으로 설득할 수도 없다. '말발'을 키우려면 과외 수업이 필요하다. 이때 나타난 사람이 소피스트다.

서양 철학사에서 유명한 소크라테스조차 당시에는 소피스트(Sophist) 또는 소피스테스(Sophistēs) 중 한 명으로 여겼다. 소피스트 또는 소피스테스를 궤변론자(詭辯論者)로 번역하는데, 여기서 궤변(詭辯)이란 기만적인 말을 하거나 말만 그럴듯할 뿐 이치에 맞지 않는 희한한 말을 의미한다. 그러므로 궤변론자란 이치에 맞지 않는 그럴듯한 말을 잘해서 기만하는 사람이다. 한마디로 '사기꾼'이다.

영어에서 소피스트리(sophistry)는 궤변이라는 의미로, 소피스터(sophister)는 궤변론자로 풀이한다. 하지만 이상하게도 형용사형 소피스티케이트(sophisticate)만은 '세련된, 지적인'이라는 긍정적 의미로 풀이한다. 게다가 소피스트 또는 소피스테스에서 파생된 단어인 '소피아(sophia)'는 지혜를 의미한다. 고대 아테네 시민들은 소피스트를 지혜로운 사람, 평범한 사람보다는 훨씬 지혜로워 배움을 요청할 만한 사람으로 여긴 것으로 보인다.

지혜로운 소피스트는 페리클레스의 '직접 민주주의 선언' 이후 모든 아테네 시민권자의 고민을 해결해 준다. 아테네 시민 누구나 정치 집회나 재판소 배심원들 앞에서 설득력 있게 말하고 토론할 수 있도록 훈련시켜 준다. 정치 집회에서 설득력 있는 연설을 해서 높은 공직을 얻을 수 있게 한다. 재판정에 나가 배심원들 앞에서 변론만 잘해도 무죄로 풀려날 수 있다. 아테네 시민 입장에서는 소피스트의 도움이 너무나 고맙다.

사실 말을 잘하려면, 먼저 생각을 잘해야 한다. 잘 생각해야 말로 잘 표현할 수 있기 때문이다. 잘 생각하려면, 다른 사람의 마음을 움직일 수 있는 논리 정연함을 갖추어야 한다. 논리 정연함은 인간과 세계를 바라보는 탁월한 관점을 먼저 가져야 갖출 수 있다. 따라서 고대 아테네 안에서 '말발' 교사로 알려진 소피스트는 단순히 '말발'만 좋은 사람이 아니다. 그들은 다른 사람의 마음을 움직일 만큼 탁월한 인간관, 세계관을 지닌 사람이다.

아테네 시민들 요구에 부응해서 그리스 반도 전역에서 소피스트, 즉 지혜로운 사람이 아테네 폴리스로 몰려온다. 이들에게는 아테네 시민권이 없어 집회에 참석하거나 연설할 수는 없다. 그 대신 아테네 시민권자들이 아고라에서 청중을 감동시킬 수 있게 연설하는 방법은 가르칠 수 있다.

부유한 시민권자들은 저녁마다 모임이나 축제를 열고, 소피스트들을 초대한다. 소피스트들은 자신의 뛰어난 언어 구사 능력을 과시하고, 설득력을 뽐낸다. 소피스트들이 버는 수입도 상당하다. 이 중에는 궤변을 늘어놓는 소피스트도 있을 수 있지만, 그렇다고 이들 모두를 궤변론자로 취급하는 것은 분명 부당하다.

4

소피스트,
최초로 '질적 세계관'을 말하다

강 샘　혜지, 안녕.

혜지　강 샘, 왜 이렇게 궁금한 것이 많죠?

강 샘　모르는 것이 있고, 그 모르는 것을 알 수 있다는 것은 큰 기쁨이잖
　　　아. 그러니까 잘 모른다고 부끄러운 일은 아니지.

혜지　하, 샘 말씀 들으니까 위안이 되네요.

강 샘　오늘은 무엇이 그렇게 궁금하지?

혜지　우리 주변을 둘러보면 모든 것이 숫자로 표시되어 있잖아요. 그것
　　　이 궁금해요.

강 샘　엥? 숫자로 표시된 것이 왜 궁금하지?

혜지　제 주민등록번호도 숫자고, 학교 반 번호도 숫자고, 시험 성적도
　　　숫자로 표시하고, 등수도 숫자로 표시하고, 제 키와 몸무게도 숫

자로 표시하고, 학교에서 집까지 거리도 숫자로 표시하고, 집에 가서 TV 채널을 돌리면 그것조차 숫자로 표시하잖아요.

강 샘 그렇지. 현대인의 삶 구석구석에 숫자가 없는 곳이 없지.

혜지 하지만 이 세계는 수량만으로 나타낼 수 있는 곳이 아니잖아요?

강 샘 호오, 혜지가 공부를 많이 했구나. 그래, 이 세계는 수량 단위로만 나타낼 수 있는 곳이 아냐. 질적 차이도 수량 단위만큼이나 중요 하지. 그리고 질적 차이는 결코 수량 단위로 대신 표현할 수 없 단다.

혜지 그러게 말이에요. 그런데도 왜 이렇게 숫자로만 자꾸 표현하 죠? 왜 질적 차이는 자꾸 무시하죠?

강 샘 아마 자연 철학자에게 네 궁금한 점을 물어보아야 할 거야. 특히 자연 철학자 중에서도 피타고라스한테 물어야 할 점이야. 피타고 라스는 숫자를 원리로 하여 이 세계를 만들고 운행한다고 생각했 거든.

혜지 그럼, 피타고라스처럼 숫자로 이 세계를 설명하려는 사람밖에 없 어요? 질적 차이로 이 세계를 설명하려는 철학자는 없는 거예요?

강 샘 물론 아니지. 질적 차이로 이 세계를 설명하려는 철학자도 있었 어. 그들이 바로 소피스트야.

이 세계는 양으로 설명할 수 있을까, 질로 설명할 수 있을까? 물론 결론은 둘 다이다. 하지만 지금 우리가 사는 세계를 돌아보면, 너무나 편중

되게 수량(數量) 단위로만 세계를 설명한다는 느낌을 받는다. 길이, 높이, 무게, 부피 등 단위는 하나같이 양적 차이를 숫자로 나타낸다. 학교에서도 개별 학생을 학년, 반, 번호 등 숫자로 표현한다. 개별 학생이 거둔 성적도 100점부터 0점까지 모두 수량 단위로 표현한다. 1등부터 꼴등까지 석차도 모두 수량 단위다. 주민등록번호도, 군인의 군번도, 감옥에 있는 죄수의 번호도, 회사의 직원에게 부여하는 사원 번호도, 병원에 있는 환자의 번호도 모두 수량 단위다.

피타고라스, 세계를 수로 이해하다.

언제부터, 누가 먼저 이 세계를 수량 단위로 표현했을까? 아마 피타고라스일 가능성이 높다. 피타고라스는 "만물의 근원은 수(數)"라고 설파한다. 그는 "영생하기를 원한다면 수학을 공부하라."라고 말한다. 이 우주는 수의 원리로 창조하고 운행하므로 수를 알면 우주와 하나가 되어 영원한 삶을 살 수 있다는 것이다. 그러니까 피타고라스는 현대의 수학자와는 다르다. 그는 피타고라스 교(敎)의 교주다. 수를 탐구해서 우주의 신성함과 하나가 되는 종교의 창시자다. 인간의 육체(sōma: 소마)는 영혼(psychē: 프시케)을 가두는 감옥(sēma: 세마)과 같다고 생각한 피타고라스는 육체에서 영혼을 구원하려면 수학을 공부해야 한다고 생각했다. 수학을 공부하면 영혼은 육체에서 해방되어 정화(katharsis: 카타르시스)된 상태로 되돌아간다.

기원전 5세기에 피타고라스 추종자들은 천문학 이론을 내놓는다. 그들이 보기에 천체의 조화롭고 아름다운 움직임 뒤에는 수가 가득하다. 보이지 않는 우주 중심에는 불이 있고, 그 불 주위를 지구와 모든 천체가 아름답고 조화로운 수적 비율을 이루며 돈다. 이런 발상은 2000년 후 코페르니쿠스에게 엄청난 영감을 준다. 1543년 코페르니쿠스는 『천구들의 회전에 관하여』에서 지구는 태양 주위를 수적 비율에 따라 돈다고 주장한다. 코페르니쿠스는 "[피타고라스 천체론]을 출발점으로 삼아서" 지구의 운동을 수학적으로 생각하기 시작한다.

데카르트가 "나는 생각한다, 고로 존재한다(코기토 에르고 숨)."라고 한 말은 유명하다. 이때 코기토를 그저 '생각한다'로 번역하면 안 된다. 코기토는 라티오(ratio)처럼 '수학적으로 계산하다'는 의미로 많이 쓰기 때문이다. 데카르트는 이 세계는 수학적 원리에 따라 창조했고, 인간에게는 이 세계 뒤편에 있는 수학적 원리를 파악할 수 있는 이성적 사유 능력을 주었으므로 인간 스스로 코기토에 의존하면 이 세계를 훤히 알 수 있다고 생각한다. 인간 본질은 코기토에 있는데 그 코기토는 수학적 계산 능력이므로, 결국 데카르트는 수학적 계산 능력이 인간 본질이라고 말한 셈이다.

데카르트와 동시대를 살았던 토마스 홉스는 이 세계를 기하학적 규범(mos geometricus: 모스 게오메트리쿠스)에 따라 움직이는 거대한 기계로 보았다. 뉴턴의 f=ma도 온 우주를 수학적 공식 하나로 모두 설명할 수 있다는 사고방식을 전제로 한다. 2000년을 사이에 두고 유럽은 피타고라스 후계자로 넘쳐 난다. 이들 눈에 수량 단위는 객관적이고 보편적이어서 세계의 본질을 알 수 있는 중요한 도구다. 반대로 질적 차이는 결코 객관화하거나 보편화할 수 없다. 질적 차이를 알 수 있는 단위는 있을 수 없으며, 있다고 하더라도 객관적·보편적 단위가 아니므로 이 세계의 본질을 탐색하기에는 부적합하다. 맛, 색깔, 냄새, 촉감 등은 이 세계를 이해하는 부차적인 요소일 뿐이다.

하지만 이런 수량적 세계관에 반대하는 사람들도 있다. 그들이 바로 소피스트다. 소피스트 눈에 이 세계는 질적 차이로 넘쳐 난다. 프로타고라스는 "같은 바람이 불어도 이 사람은 따뜻한 바람으로 느끼지만, 저 사람은 차가운 바람으로 느낄 수 있다."라고 했다. 수량적 면에서는 동일한 양의 바람이지만, 그 바람을 맞는 사람의 상황에 따라 전혀 다른 성질의 바람으로 느낄 수 있다는 것이다. 몸살이 난 사람에게는 뜨거운 여름 바람조차 차갑게 느껴진다. 실생활을 하는 인간에게는 지금 그 바람이 나에게 따뜻하게 느껴지느냐, 차갑게 느껴지느냐가 중요하지 바람의 양이 어느 정도인지는 별로 중요하지 않다.

히피아스, 질적 세계를 보다.

히피아스(Hippias)와 소크라테스 대화에서도 이 점을 엿볼 수 있다. 히피아스는 올림픽 경기장에 나가서 자신이 지은 시를 낭송하고자 한다. 그리고 여기에 나가는 데 필요한 신발, 외투, 상의, 속옷, 반지, 칫솔, 기름병 등을 직접 만든다. 그만큼 실질적이고 현실적인 유용성을 추구하는 것이 히피아스다. 반면에 허황한 관념은 싫어한다. 수의 원리를 알아야 이 세계를 알 수 있다는 관념적 태도보다는 당장 눈앞에 있는 맛, 색깔, 냄새, 촉감 등 질적 차이를 알아서 실생활에 쓸모 있는 것이 더 중요하다. 히피아스는 시를 해석하는 방법에서도 소크라테스와 대립한다.

그러자 히피아스가 말했네. "소크라테스, 이 시에 대한 그대의 해석은 참으로 탁월한 것 같소. 그런데 내게도 이 시에 대한 괜찮은 해석이 있는데, 여러분이 원하신다면 보여 드리겠소."(플라톤, 『프로타고라스』, 347a)

히피아스는 먼저 소크라테스의 시 해석이 탁월하다고 인정한다. 그러나 그 시에 대한 탁월한 해석은 하나만 있는 것이 아니다. 소크라테스의 시 해석만큼이나 히피아스의 시 해석도 탁월하다. 동일한 시 한 편을 두고서도 탁월한 해석은 다양하다. 히피아스는 동일한 시 한 편이라고 하더라도 질적으로 차이가 나는 다양한 해석을 할 수 있다는 전제하에 이렇게 말한 것이다.

플라톤이 쓴 다른 책 『대(大) 히피아스』에서도 그의 질적 철학을 엿볼 수 있다. 소크라테스는 히피아스에게 묻는다. "아름다움이란 무엇인가?" 그러자 히피아스는 소크라테스에게 질문을 바꾸어야 한다고 대꾸한다. "[구체적으로] 무엇, 무엇을 보고 아름답다고 할 것인가?" 히피아스처럼 질문을 바꾸면 질적 차이가 나는 개별 존재의 아름다움을 묻게 된다. 아름다움 그 자체로서 고정불변하고 보편적인 물음이 아니라, 질적 차이는 나지만 저마다 아름다운 개별 존재에는 어떤 것이 있는지 물어야 한다고 히피아스가 수정한 것이다.

히피아스는 스스로가 한 질문에 스스로가 대답한다.

"아름다운 소녀가 아름답다. 황금으로 만든 것들도 참으로 아름답다. 아름다움은 우리에게 물질적으로나 정신적으로 만족감을 준다. 아름다움은 우리에게 시각적·청각적 쾌감을 준다."

　질적 차이가 나는 구체적 사례를 제시할 뿐 아니라 그 아름다움이 우리에게 일으키는 긍정적 효과도 말한다. 긍정적 효과를 일으키지 않는데 아름다움 그 자체가 성립할 수 있느냐는 것이다. 소크라테스는 히피아스가 이런 구체적 사례를 제시하거나 긍정적 효과를 언급한 진정한 의도를 알지 못한다.

5
소피스트와 자연 철학자의 세계관,
한판 승부가 시작되다

혜지 강 샘, 어디 계세요?

강 샘 아, 혜지구나. 오늘은 또 무슨 일이니?

혜지 지난번에 피타고라스와 소피스트가 수량적 세계관과 질적 세계
관으로 차이를 보인다고 말씀하셨잖아요?

강 샘 응, 그랬지.

혜지 그 말씀 듣고 나니 피타고라스 외의 자연 철학자도 궁금해서요.

강 샘 하, 혜지 호기심이 대단한데…….

혜지 그리고 자연 철학자와 소피스트 철학의 차이도 궁금하고요.

강 샘 자연 철학자로 분류하는 사람이 한둘이 아니라서 이거 답하기 곤
란한데……. 게다가 소피스트도 자연 철학자만큼이나 많으니, 이
거 원!

혜지   강 샘이면 할 수 있어요. 어서 빨리 정리해 주세요. 어서요!

강 샘   아이고 혜지 등쌀에 내가 못 견디겠네.

혜지   자연 철학자가 지배하던 시대는 가고 소피스트가 지배하는 시대
        가 온 것에는 분명 중요한 이유가 있을 거예요.

강 샘   그렇지. 한마디로 특권 철학자 시대는 가고 대중 철학자 시대가
        왔다고 할 수 있지.

혜지   오, 특권 철학자? 대중 철학자? 말만 들어도 흥미진진한데요.

     소피스트나 소크라테스 이전의 철학자를 자연 철학자라고 한다. 우주와 자연의 근원처럼 거대한 주제를 탐색한다. 탈레스는 만물의 근원을 '물'이라 하고, 아낙시만드로스는 '규정할 수 없는 무엇(apeiron: 아페이론)'이라고 한다. 아낙시메네스는 '공기'라 하고, 파르메니데스는 '근원적인, 움직이지 않는 하나'라 하며, 아낙사고라스는 '물, 불, 공기, 흙' 4원소라 한다.

     자연 철학자는 자신을 신비스러운 계시로 포장한 채 평범한 사람에게 가르침을 베푼다. 또 자신을 특별한 존재로 여긴다. 평범한 사람이 감히 범접할 수 없는 '신적 존재'가 바로 자기 자신이다. 자연 철학자는 고고하고 예외적인 존재로 평범한 사람이 보지 못하는 것을 본다. 자연 철학자와 평범한 사람은 계급이 다르다. 지혜는 자연 철학자를 거쳐 위에서 전달하며, 평범한 사람의 일상생활과는 다르다. 지혜는 신비스럽고 고통스러운 과정을 거쳐야만 획득할 수 있다. 지혜는 선택받은 자

(epoptês: 에폽테스) 의 통찰력이 아니면 파악할 수 없다.

탈레스를 비롯한 자연 철학자는 모두 당시 특권층이다. 탈레스가 "만물의 근원은 물"이라고 가르치면 평범한 사람은 무조건 믿어야 한다. 자연 철학자는 폴리스 안에서 극소수고 비밀스러운 의식을 거쳐 양성한다. 이런 은밀성은 예배 의식의 공적인 특성과 대조적이며, 폴리스 사회의 질서에서도 벗어나 있다. 비밀 종교 의식으로 자신을 고양한 후 시민들에게 가르침을 베푼다.

폴리스 안에서 삶이 고단하거나 혼란스러울 때면 시민들은 도시 변두리에 있는 자연 철학자를 찾는다. 폴리스가 왜 이런 혼란에 빠졌는지, 앞으로 폴리스 미래는 어떤지 등을 자연 철학자에게 묻는다. 자연 철학자는 연설하거나 글을 써서 폴리스 구성원에게 위에서 내려온 말씀을 전한다. 자연 철학자는 현상 이면에 있는 인식할 수 없는(adēla: 아델라) 세계를 볼 수 있게 한다. 자연 철학자는 고대 점술(占術), 정신 집중, 황홀경, 육체와 영혼 분리 등 영적인 수련(아스케시스)을 해야 이것을 깨달을 수 있다. 이렇듯 진리를 독점함으로써 자신의 특별한 지위를 유지할 수 있다.

그러나 소피스트는 결코 진리를 독점하지 않는다. 진리는 대중에게 널리 보급해야 한다. 소피스트는 묻는다. 어째서 진리는 자연 철학자에게만 보이나? 이 세계는 자연 철학자와 자연 철학자 아닌 사람으로 나누어야 하나? 폴리스의 평범한 시민은 진리를 얻을 자격이 없나? 자연 철학자만 진리와 지혜가 있다면 민주주의(Demos+kratia: 민중+권력)에 어긋나지 않나?

철학에 해당하는 헬라어 '필로소피아(philosophia)'만 보더라도 그렇다. 필로스(philos)는 친구, 우정, 사랑 등을 의미하고, 소피아(sophia)는 지혜를 의미한다. 그러므로 철학은 누구나 지혜의 친구가 되어 지혜와 우정을 쌓고 지혜를 사랑할 수 있다는 의미로 해석할 수 있다. 지혜와 친구가 되는 데 차별적 계급은 개입하지 않는다. 철학은 자신만 지혜를 간직하는 특권을 누리려고 공부하는 것이 아니다. 폴리스의 친구나 동료와 지혜를 공유하기 위해서다.

소피스트는 자신을 선택받은 자, 신과 같은 인간, 지혜의 특권자로 생각하지 않는다. 시민들은 이제 자연 철학자처럼 입회 제의를 치를 필요가 없다. 철학하는 일은 어둡고 은밀한 곳에서 하는 밀교 방식이 아니다. 일상생활 속에서 깨달은 바를 다른 시민들과 더욱 확장하면 된다. 광장에 나가서 무수한 다른 시민과 열심히 대화하고 토론하는 경쟁을 해야 한다. 혼자 깨달은 것보다는 여럿이 깨달은 바가 더 우월하기 때문이다. 폴리스 시민이라면 누구나 비슷비슷한 존재(homoioi: 호모이오이)이거나 동등한 존재(isoi: 이소이)다.

자연 철학자의 피지스와 소피스트의 노모스에서도 이 둘의 차이점이 드러난다. 피지스는 자연이라는 의미고, 노모스는 문화나 관습, 법이라는 의미다. 피지스에서 파생한 말이 물리학(physics)이고, 노모스에서 파생한 말이 규범(norm)인 것을 생각하면 쉽게 알 수 있다. 자연의 이치로서 피지스는 주어진 바지만, 문화 규범으로서 노모스는 인간이 만들어 가야 하는 바다. 피지스는 인간보다 더 높은 존재가 인간에게 일방적으로 준 것, 선험적인 것이다. 반면에 노모스는 인간 스스로 경험한 바를 바탕으로 끊임없이 고쳐 가야 할 것, 후천적 노력을 기울여야 할 것이다.

물론 자연 철학자의 피지스와 소피스트의 노모스 개념을 명확하게 구분할 수 있는 것은 아니다. 자연주의(naturalism)나 자연법(nomos tēs physeōs: 노모스 테스 피제오스)처럼 말이다. 자연주의 예술가는 자연에 가까운 방법으로 예술 작품을 창작하겠지만, 그렇더라도 그 작품이 자연은 아니다. 근대 철학자가 말한 자연법은 인간이 사회 상태나 국가 상태에 진입하기 이전에 적용되는 법이다. 이 또한 피지스인지 노모스인지 불분명하다.

하지만 어느 쪽을 지향하느냐에 따라 이 세계를 사는 방법론은 완전히 다르다. 피지스를 지향하면 인간으로서는 어쩔 수 없는 세계, 초월의 세계를 지향한다. 반면에 노모스를 지향하면 인간이 자율적 주체가되어 뜻한 바대로 만들어 가는 것을 지향한다. 피지스를 지향하면 수직적 차별의 눈으로 이 세계를 보지만, 노모스를 지향하면 내재적·수평적 눈으로 이 세계를 본다. 자연 철학자는 인간 세계의 일을 인간 스스로 해결하지 못하고 초월적인 것에 의존하지만, 소피스트는 오직 인간만이그 문제를 해결할 수 있는 주체이어야 한다고 생각한다.

플라톤이 쓴 대화편의 『테아이테토스』에서 테아이테토스는 소크라테스에게 이렇게 선언한다. "내가 생각하기에는 누가 무엇을 감각적으로 지각할 때야 그것을 아는 것 같습니다. 지금 내가 볼 수 있는 한, 지식은 다름 아니라 감각적 지각입니다."(151e) 평범한 인간이라면 누구에게

나 있는 감각 기관이야말로 인간에게 가장 훌륭한 지식을 습득하게 한다. 자연 철학자의 피지스보다는 소피스트의 평범한 노모스를 긍정하는 말이다.

또 플라톤은 『테아이테토스』에서 프로타고라스가 했다는 이 말을 인용한다. "신들에 대해서는 그 신들이 있다고 해야 할지, 있지 않다고 해야 할지 (인간인 우리가) 토론하는 것은 무의미하다."(162d) 신과 같은 초월적 존재가 존재하는지, 존재하지 않는지 아는 것은 폴리스 시민 입장에서 별로 중요하지 않다. 아무리 탐색해 보아도 알 수 없기 때문이다. 게다가 이것을 탐색하느라 내 시간과 에너지를 허비하기에는 인생이 너무 짧다. 그보다는 이 폴리스 공동체를 자유와 평화와 행복이 넘치는 곳으로 만드는 일이 더 시급하다.

이제 영웅적인 개인을 추종하거나 귀족 가문(genē: 게네)을 찬양하지 않는다. 귀족 가문은 정치적 힘을 강화하는 짓을 해서도 안 되며, 대중보다 더 높은 위치에 올라서도 안 된다. 심지어 그동안 늘 하던 짓도 못한다. 부(富)를 과시하거나, 값비싼 의복을 걸치거나, 장엄하고 화려한 장례 의식을 치르거나, 좀 과장해서 애도하거나, 사치하거나, 거만하고 오만한 태도를 보이면 대중이 가만두지 않는다. 대중은 이렇게 행동하는 귀족을 '지나침, 오만함'으로 규정하며 비난한다. 이제 귀족이 드러내는 과시는 폴리스 내부 결속을 해치면서 자신의 높고 신성함(hieros: 히에로스)을 내세우는 일이며, 대중적인 것을 무시하는 처사다.

소피스트의 노모스는 경제적 변화도 가져온다. 폴리스 시민들은 이

제 동등한 위치에서 분배하고 근검절약하는 생활을 해야 한다. 그래야 내부 결속을 다질 수 있다. 스파르타 공동 식사 제도(syssitia: 시스시티아)만큼은 아니라 하더라도 아테네 폴리스 구성원은 일정량의 보리, 술, 치즈, 의복 등을 나누어 가진다. 게다가 미케네 왕국이 붕괴한 이후 오리엔트와 교류를 다시 시작하자 무역 활동 범위도 획기적으로 넓어진다. 아프리카와 스페인, 흑해와도 교류한다. 그럴수록 무역 활동으로 돈을 번 상인과 빈부 격차 문제가 심각하다. 폴리스는 더욱 강력한 경제적 공평성 조치를 취할 수밖에 없다.

자연 철학자 시대가 가고 소피스트 시대가 열린 것은 단지 철학적 유행이 바뀌어서가 아니다. 초월적이고 특권적인 사람의 시대가 가고 대중이 폴리스 주인이 되는 시대가 온 것이다. 대중이 자유와 평등을 마음껏 누리는 시대가 온 것이고, 대중 중심으로 폴리스 공동체가 더욱 단단하게 결속하는 시대가 온 것이다.

6

소피스트, 자연 철학자를 물리치다
: 현상 vs 본질

혜지   강 샘, 어디 게세요? 궁금한 것이 또 생겼단 말이에요.

강 샘   아이고, 이런! 혜지의 학구열에 나도 덩달아 바쁘군, 바빠.

혜지   지난번에 특권 철학자의 시대가 가고 대중 철학자의 시대가 왔다고 말씀하셨잖아요?

강 샘   응, 그랬지.

혜지   그런데 어떻게 소피스트 같은 대중 철학자의 시대가 올 수 있었는지 아직도 잘 모르겠어요. 자연 철학자 스스로 특권을 내려놓았을 리도 없을 테고, 소피스트가 억지를 쓰면서 자기 시대로 만들고 싶다 해서 쉽게 그렇게 할 수도 없었을 테고 말이에요.

강 샘   오, 혜지가 점점 더 예리해지는데…….

혜지   고대 아테네 폴리스 안에 무슨 변화가 있었고, 그 변화 때문에 자연스럽게 자연 철학자는 퇴출하고 소피스트가 각광을 받지 않았을까 추측해 보았어요.

강 샘   그래, 맞아. 철학의 변화는 결코 철학 안에서 일어나지 않아. 철학이 변화할 수밖에 없는 요인은 그 철학을 포함하고 있는 정치·사회·경제·문화적인 배경이야. 혜지가 드디어 사회학 눈으로 철학을 바라볼 수 있게 된 것 같군.

혜지   에이! 강 샘 자꾸 놀리지 마요.

강 샘   아냐, 정말이야. 혜지 네가 말한 대로야. 철학을 이해하려면 그 철학만 뚫어져라 쳐다보아서는 안 돼. 철학을 둘러싼 사회가 어떻게 변화하는지 잘 보고 이해할 수 있어야 그 변화도 알 수 있어.

혜지   후후, 고마워요. 칭찬해 주셔서…….

강 샘   자연 철학자의 본질론에서 소피스트의 현상론으로 바뀌는 데 폴리스 사회가 변화한 것도 많은 영향을 주었지. 아테네 직접 민주주의 체제도 한몫했고, 전쟁이나 군사 기술의 변화도 한몫했다고 할 수 있지.

자연 철학자의 피지스와 소피스트의 노모스는 자연 이치와 문화 규범으로만 대립하지 않는다. 피지스는 본성이나 본연, 본질이라는 의미가 있고, 노모스는 인위나 작위라는 의미가 있다. 본성이나 본연, 본질로서 피지스가 있다면, 이런 피지스에 인간이 인위적 힘을 더하여 가공·변형·왜곡하면 노모스가 된다. 따라서 피지스를 믿는 자연 철학자는 고정불변하는 본질과 진리를 믿는 사람이고, 노모스를 믿는 소피스트는 변화와 생성을 믿는 사람이다. 소피스트 눈에는 고정불변하는 본질이나 진리가 보이지 않는다. 오직 현상(現像) 또는 가상(假像)으로 가득하다.

소피스트 견해대로라면 본질은 없으므로 본질 아닌 것, 비(非)본질도 없으며, 진리는 없으므로 진리 아닌 것, 비(非)진리도 없다. '이것이 진리다'고 할 수 있어야 '저것은 진리가 아니다'고 할 수 있는데, 진리가 없으므로 자동으로 진리 아닌 것도 없다. 따라서 모든 것이 진리이기도 하고 진리가 아니기도 하다. 소피스트 세계관 안에서는 본질과 진리가 비 – 본질, 비 – 진리이면서 동시에 본질, 진리다.

자연 철학자가 이토록 노력과 정성을 다해 알아내고자 한 피지스가 소피스트 눈에는 아예 있지도 않은 허깨비에 지나지 않는다. 자연 철학자는 집단적 환각 상태나 자기 착각에 빠져서 본질, 진리를 본다. 이 세계의 본질이 물인지(탈레스), 수의 조합인지(피타고라스), 불의 타오름인지(헤라클레이토스), 원소의 혼합인지(아낙시만드로스), 그것도 아니면 원자의 소용돌이(데모크리토스)인지를 왜 고민해야 하나? 이 고민이 폴리스 시민에게 무슨 도움이 되나?

소피스트가 활동하던 기원전 5세기 무렵, 아테네 폴리스는 자연 철학자의 이런 관념적 본질 탐구에 질려 버린다. 아테네는 기원전 431년부터 무려 30년 동안 스파르타 연합과 펠로폰네소스 전쟁을 치른다. 곧 무서운 전염병도 덮친다. 이런 상황에서 우주와 자연의 본질이 어떠니, 진리가 어떠니 한가하게 떠드는 자연 철학자의 고상한 말이 좋게 들릴 리

만무하다.

게다가 페리클레스 이후 아테네에는 직접 민주주의 체제가 정착했다. 시민권자라면 누구나 자유롭고 평등하게 정치에 참여할 수 있다. 광장에 나가서 철학적 토론도 하고 연설도 해서 상당한 정치적 권력도 얻을 수 있다. 아테네 시민에게는 지금 당장 정치 연설 기술이 필요하다. 소피스트는 이런 기술을 가르쳐 줄 수 있다. 그런데 자연 철학자는 정치 연설 기술을 가르쳐 주지 않는다. 광장에는 나오지 않고, 자기만의 은밀하고 어두운 성소(聖所)에 숨어 사는 자연 철학자가 아무리 세계의 본질, 진리를 말해도 대중은 관심이 없다.

자연 철학자와 달리 소피스트는 아테네 시민들을 아레테 상태에 이르게 하고자 한다. '아레테(aretē)'란 어떤 분야에서 빼어남, 뛰어남, 훌륭함, 즉 그 분야의 '~다움'을 의미한다. 자연 철학자는 아레테를 선천적으로 타고나는 것으로 보지만, 소피스트는 후천적 연습과 훈련으로 습득할 수 있는 것으로 본다. 자연 철학자는 극소수 왕족이나 귀족만 아레테를 가질 수 있다고 보는 반면에, 소피스트는 아레테를 아테네 폴리스 안에 있는 모든 시민권자가 가질 수 있는 능력으로 본다. 직접 민주주의 체제의 아테네에서 자연 철학자는 수구 반동 세력이 될 수밖에 없다.

> "[…] 연설가는 누구에게 맞서든 어떤 주제에 관해서도 효과적으로 말할 수 있는 능력이 있으며, 그래서 대중 앞에서 간단히 말해 무엇에 관해서든 더 설득력 있기 마련이오. 하지만 그럴 수 있다는 이유만으로 그가 의

사나 다른 전문가들의 명성을 빼앗아서는 안 되오. 천만에. 수사학도 승부를 가리는 다른 기술들처럼 정당한 경우에 사용해야 하오. 설령 누가 연설가가 되어 이 기술이 가진 힘을 불의를 행하는 데 사용했어도, 그것을 가르친 사람을 미워하고 국외로 추방해서는 안 되오. 그는 자기 기술을 정당한 목적에 쓰라고 전수했는데, 그의 제자가 그것을 악용한 것이니까요. 그러니 수사학을 악용하는 자를 미워하고 추방하고 처형하는 것은 정당하지만, 그를 가르친 사람을 그렇게 하는 것은 옳지 못하오."(플라톤, 『고르기아스』, 457c)

고르기아스

수사학을 정당한 목적에 사용해야 한다는 것은 어떤 의미일까? 수사학은 대중 앞에서 연설하는 기술이고, 그것을 정당하게 사용한다는 것은 민주주의 원칙에 어긋나지 않게 사용한다는 것을 의미한다. 즉, 누구나 자유롭고 평등한 조건에서 수사학을 사용하여 연설하고, 그 연설을 듣는 것이 정당한 상황이다. 특정 소수의 정치권력자만 독점할 수 있는 수사학이라면 그것은 정당하지 못하다. 그리고 특정 소수의 권력자가 자신의 이익을 위해 수사학을 사용하더라도 그것은 고르기아스 같은 소피스트의 뜻이 아니다. 고르기아스를 포함한 소피스트는 폴리스 시민권자 누구나 수사학을 사용하여 자기 의사를 표현하기를 바란다.

거기에다 고르기아스가 한 말속에는 더 중요한 의미가 숨어 있다. 그는 아예 이것은 맞고 저것은 틀리다는 식의 이분법을 부정한다. 누구나 저마다 다른 의견을 가질 수 있다. 저마다 다른 의견 중에서 어떤 의견만 절대적으로 옳다고 말하는 것은 독선이다. 자연 철학자가 자신의 의견만 진리이자 본질이라고 말하는 것이나 마찬가지다. 이렇게 독선적이고 독단적이어서는 아테네 민주주의를 제대로 유지할 수가 없다. 마침내 진리와 본질은 아테네 시민의 수만큼이나 많다. 고르기아스는 마치 "모든 아테네 시민에게 저마다 진리와 본질을 가질 수 있도록 허락하노라!" 하고 외치는 것 같다.

고르기아스가 자연 철학자의 세계관을 비판한 사례는 또 있다. 자연 철학자가 자신이 쓴 책에 즐겨 붙이는 제목은 "피지스 또는 존재하는 것에 관하여"이다. 고르기아스는 자신의 책에도 이 제목을 붙이면서 신랄하게 비꼰다. 그는 책 제목을 "피지스 또는 존재하지 않는 것에 관하여"라고 지었다. 자연 철학자는 본질 또는 진리가 당연히 존재한다 믿고 그렇게 제목을 붙이지만, 고르기아스가 보기에는 어처구니없다. 본질 또는 진리는 존재하지 않는다. 아니, 본질 또는 진리는 무수히 많다.

고르기아스는 자신의 책 『피지스 또는 존재하지 않는 것에 관하여』

에서 세 가지를 증명하고자 한다. "⑴ 아무것도 존재하지 않는다. ⑵ 만일에 어떤 것이 존재한다고 하더라도, 우리는 그것을 알 수 없다. ⑶ 설령 우리가 어떤 것을 알 수 있다고 하더라도, 우리는 그것을 우리 이웃에 전할 수 없다." 고르기아스가 보기에 본질이나 진리는 없다. 그리고 그 본질이나 진리가 있다고 하더라도 이 편 세계에 있는 인간이 저 편 세계에 있는 본질, 진리를 어떻게 안단 말인가! 게다가 저 편 세계에 있는 본질, 진리를 안다고 하더라도 그것은 이 편 세계에 살고 있는 사람들이 쓰는 말로 표현할 수 없는데, 어떻게 이웃에게 표현하여 전한단 말인가!

고르기아스가 자연 철학자를 비판하는 의미가 명확히 드러나도록 하려면 ⑴, ⑵, ⑶에다 '신(神)'을 대입하면 된다. "⑴ 신은 존재하지 않는다. ⑵ 만일에 신이 존재한다고 하더라도, 인간인 나는 신의 존재를 알 수 없다. ⑶ 설령 내가 신의 존재를 안다고 하더라도, 다른 인간에게 신의 존재를 말로 표현하여 설명할 수 없다." 고르기아스가 보기에 자연 철학자가 진리나 본질을 논하는 바는 신을 논하는 바와 같다. 알 수도 없을뿐더러 설사 안다고 하더라도 그것을 어떻게 설명한단 말인가!

자연 철학자는 저 편의 본질과 진리를 깨달아서 아테네 시민들에게 가르칠 수 있다고 하는데, 고르기아스가 보기에 그것은 완전 사기다. 변화하고 생성하는 세계에 살면서 영원불변하는 세계의 본질이나 진리를 어떻게 안단 말인가! 폴리스의 평범한 시민은 모르는데 하필 그 자연 철학자만 초월적 세계의 본질과 진리를 아는 까닭은 무엇이란 말인가?

아이러니하게도 자연 철학자의 본질, 진리를 아테네 시민들이 믿지 않는 데는 전쟁 기술의 변화 탓도 있다. 기원전 6세기에는 중장비 보병이 출현하고 방진형(方陣形: 창병(槍兵)을 네모꼴로 배치하는 진형) 전술, 밀집 대형 등이 전쟁 기술에서 주를 이룬다. 기원전 6세기 이전에는 사실 '말 소유 계급들(hippeis: 히페이스)'이 전쟁에서 대부분 큰 공을 세웠다. 양 진영에서 대표로 '히페이스'가 나와 1:1로 '맞장'을 뜨다가 한 사람이 이기면 그것으로 전쟁은 끝난다. 창을 든 보병은 아무리 많아도 그저 들러리일 뿐이다.

하지만 이제 더 이상 '우두머리'끼리 맞대결을 펼치며 '우월함'을 뽐내는 일은 찾아볼 수 없다. 영웅적 전사가 '신에 의하여 고무된 열정'이나 '전쟁 영웅의 격분'에 휩싸이는 일도 없다. 전쟁 영웅은 더 이상 미친 듯이 춤추며 싸우지 않는다. 그 대신 중장비 보병의 집단적인 움직임을 볼 수 있다. 다른 중장비 보병 동료와 함께 팔꿈치나 어깨를 맞대고 줄을 맞추어 적진을 향해 나아간다. 스크럼을 짜고 행진하면서 결코 제자리를 이탈하지 않는다.

'히페이스'는 제 역할을 하지 못한다. 창과 방패를 든 중무장한 보병들이 무리를 이루어 치고 박고 싸운다. 히페이스가 군사적 특권을 누릴만한 근거는 더 이상 없다. 히페이스와 중장비 보병 사이에 계급적 차별을 둘 필요도 없다. 중장비 보병은 자신이 쓸 중장비를 제 돈으로 산다. 어떤 면에서는 히페이스보다 더 혁혁한 공을 세운다. 폴리스는 더 이상 히페이스와 중장비 보병(데모스를 구성하는 자유로운 소지주 계급들)을 차별할 수 없다. 아킬레스 같은 영웅이 헥토르와 1:1로 싸우던 시대는 지나갔다. 평범한 시민 계급에서 차출된 중장비 보병이 펼치는 무수한 방진형 속에 본질과 진리가 있다.

군인의 미덕(美德)은 더 이상 용기나 기개가 아니다. 중장비 보병에게 가장 필요한 미덕은 절제와 냉정함이다. 완벽하게 자기감정을 억제하며 잘난 척하지 않고 객기도 부리지 않아야 한다. 공동 훈련을 하는 데 자신을 희생하거나 단체 행동에 합류하려고 지속적으로 노력하며, 전체 군대 대형을 흩트리지 말아야 한다. 적을 쓰러뜨린 후 밟고 올라서서 뽐내는 히페이스의 대결 욕구보다는 공동체적인 우정과 연대 의식인 필리아가 훨씬 더 중요하다. 위대한 영웅의 고정불변하는 능력보다 중장비 보병들이 집단적으로 가변적인 전쟁 상황에 맞게 전술을 바꾸는 것이 더 중요하다.

소피스트가 추구하는 노모스는 '유목민(nomad: 노마드)'이라는 말도 파생시킨다. 유목민은 한곳에 정착하지 않고 이곳저곳을 떠돌아다니며 산다. 이곳에서 형성된 집단 규범이 있다고 해도 저곳으로 옮기면 새로운 규범을 만들어야 한다. 그래서 유목민의 규범은 시간과 장소가 변할 때마다, 집단 구성원이 달라질 때마다 바뀔 수밖에 없다. 절대 불변의 도덕률이나 진리는 유목민에게는 있을 수 없다. 다만 이 장소, 이 시간에서 집단의 구성원 모두를 행복하게 하는 규범이 무엇인지를 새롭게 찾아내는 일만 남는다. 사르트르가 "실존은 본질에 앞선다."라고 한 말을 유목민에게 적용하면, "실존적인 현상, 규범만 있을 뿐 본질적인 도덕률은 없다."라고 해야 할 것이다.

아테네 사회를 이해하는 키워드
: 필리아

고대 아테네인에게 '필리아'라는 말은 매우 특별한 의미를 지닌다. 영어에서는 접미사로 쓰는 '-philia'는 '병적인 애호', '집착' 등을 의미하지만, 원래는 그런 부정적인 의미가 아니다. '사랑'이나 '우정' 등 영어에서보다 훨씬 긍정적인 의미로 쓴다. 게다가 헬라스 지역의 모든 폴리스는 이 '필리아' 없이는 존재할 수 없는 것으로 여긴다. '필리아'는 '사랑', '우정'이기도 하지만, 전쟁 중에는 생사고락을 같이하는 '전우애', '동지애'이기도 하기 때문이다.

이것과 연관된 말에는 '필란트롭(philanthrope)', '필로스(philos)', '필로소피(philosophy)' 등이 있고, 지명으로는 '필라델피아(philadelphia)' 등이 있다. 필리아는 사랑이나 우정이라는 의미이므로 필란트롭은 '필(phil: 사랑)+안트롭(anthrope: 인간)'이라는 단어 2개를 결합해서 인류애, 박애 등 의미로 쓴다. 필로스는 사물이나 관념에 대한 사랑이라는 의미로 쓰고, 필로소피는 '필로스(사랑)+소피아(지혜)'라는 단어 2개를 결합해서 '지혜에 대한 사랑', 즉 철학을 의미한다. 미국 펜실베이니아 주에 있는 필라델피아는 '필로스+아델포스(형제)'라는 단어 2개를 결합했다. 즉, 필라델피아는 '형제애', '우애'의 도시인 셈이다.

그러니까 폴리스는 끈끈한 동지애로 조직된 군대라고 볼 수도 있다. 폴리스의 가장 작은 단위는 '오이코스(oikos)'다. 오이코스는 '가정'이나 '가족'으로 번역하는데, 이것이 폴리스라는 군대 조직의 가장 작은 단위다. 이 오이코스가 10개 모여 '데모스' 하나를 이룬다. 이 데모스는 '촌락', '마을' 정도로 생각하면 되겠다. 그리고 다시 데모스 10개가 모여 '게노스' 1개를 이룬다. 게노스는 '씨족'이나 '부족' 정도로 생각하면 되겠다. 산촌에 있는 부족 3개, 어촌에 있는 부족 3개, 그리고 평지에 있는 부족 4개가 모여 하나의 폴리스 공동체를 이룬다. 그렇다면 평균적으로 오이코스 하나를 10명 정도로 본다면, 폴리스 인구 전체는 1만 명 정도가 된다. 그중 시민권을 가진 30세 이상의 남성은 전쟁에 나가서 무수히 죽다 보니 불과 1000명 안팎이다.

이렇게 적은 수로 외적을 막으려면 무엇보다도 내부 결속이 중요하다. 외적이 쳐들어오는데 폴리스 내부 구성원이 서로 결속하지 않는다면 그들을 제대로 막아 낼 수 없을 것이고, 폴리스 공동체는 끝장이 나고 말 것이기 때문이다. 그렇게 되면 후방에 남아 있는 아내와 자식들은 유린을 당하거나 노예로 팔리고 말 것이다. 따라서 시민권자들이 자발적으로 전쟁터에 나가는 것을 두고 현대적 의미의 '나라에 대한 충성'으로 생각하면 안 된다. 그들은 자신과 가족을 지켜야 한다는 강한 신념을 가지고 전쟁터에 나간다.

고대 아테네 폴리스가 왕정 체제를 그만두고 모든 시민권자에게 정치 참여의 기회를 부여한 것도 바로 이 점 때문이다. 페리클레스는 왕족이나 귀족의 힘만으로는 외적을 막을 수 없다는 것을 알았다. 평민들도 전쟁터에 나가 힘을 보태야 폴리스를 지킬 수 있다. 왕족이나 귀족 등 '히에로스' 중심으로 폴리스를 운영해서는 평민들의 동참을 이끌어 낼 수 없다. 폴리스 정치에 모든 평범한 시민권자가 참여할 수 있게 하고, 폴리스를 그들의 '호시오스(세속적임, 평범함)' 중심으로 운영해야 한다. 이것이 고대 아테네 직접 민주주의 체제가 시작된 결정적인 이유다.

엄청난 수의 외적에 맞서 소수의 폴리스 시민으로 구성된 군대가 이기려면, 무엇보다도 먼저 폴리스 시민들 사이에 끈끈한 전우애나 동지애를 가지는 것이 중요하다. 그래서 평소에 산촌에 있는 부족 3개, 어촌에 있는 부족 3개, 평지에 있는 부족 4개가 정기적으로 아크로폴리스(akro-polis)에 모여 물물 교환도 하고, 단체 연극 관람과 잔치도 열며, 정치 회의나 군사 훈련도 한다. 고대 아테네 광장(아고라)은 물물 교환이라는 경제 활동과 집회와 연설이라는 정치 활동을 모두 하던 곳이다. 당시에는 경제 활동과 정치 활동이 모두 '필리아'를 강화하는 방편이었다. 물물 교환을 해서 서로 신뢰를 쌓고, 집회와 연설을 해서 서로의 견해를 이해하고 하나로 모았던 것이다.

이렇게 할 수 있었던 데는 전쟁의 경험이 중요한 역할을 했다. 페르시아의 어마어마한 대군과 맞서 싸워 이기려면 한 사람의 특출한 능력만으로는 안 된다. 군대 구성원 모두가 각자 맡은 역할에 최선을 다하며 단합된 힘으로 일사분란하게 움직여야 한다. 누구 하나가 제 잘난 멋에 취해 군대 대열을 이탈하면 군대 전체의 단합된 힘은 깨진다. 그렇게 해서는 결코 페르시아 대군에 맞서 이길 수 없다. 전쟁을 겪으면서, 소규모 군대도 내부 결속만 잘 다지면 페르시아 같은 대군을 이기는 성과를 거두면서 아테네인은 더욱 필리아의 중요성을 깨닫는다.

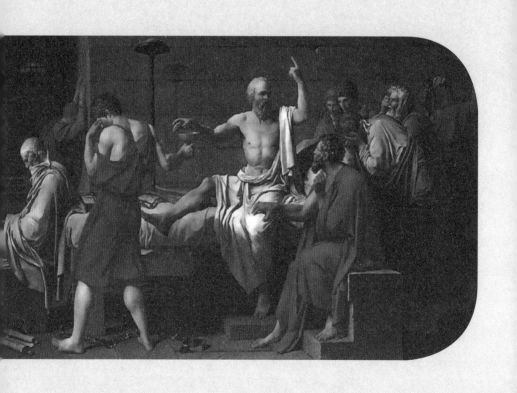

2부

'정의는 죽었다'
: 철학자의 논쟁이 시작되다

1
진리:
프로타고라스의 상대주의 vs 소크라테스의 절대주의

강 샘　오! 일취월장, 괄목상대해야 할 혜지가 왔구나.

혜지　에이, 강 샘 만나자마자 날 놀리신다.

강 샘　아냐, 혜지. 넌 정말 철학을 이해하는 안목이 보통이 아니야. 지난 번 네 이야기를 듣고 깜짝 놀랐어. 네가 말한 것은 니체가 말한 관점주의이거든.

혜지　니체? 관점주의요? 전 그딴 것 몰라요.

강 샘　그러니 말이야. 넌 니체도 모르고, 관점주의도 모르면서 니체의 관점주의 시각으로 소피스트와 자연 철학자를 보기 시작했어.

혜지　아유, 그만 떠우시고요. 제 궁금증이나 해결해 주세요.

강 샘　그래, 오늘은 뭐가 궁금하지?

혜지　프로타고라스 말이에요. 가장 대표적인 소피스트라고 들었어요.

지난번에 프로타고라스가 한 말이 나왔지만, 그의 철학 전체는 알 수 없었던 것 같아요.

강 샘 무슨 일이 있었는지 모르지만, 소피스트의 철학을 온전히 알 수는 없단다. 현재 자료가 절대적으로 부족해서 말이야. 전해 오는 자료라고 하더라도 소크라테스 제자인 플라톤이 쓴 책이니 신뢰도 안 가고……

혜지 플라톤이 쓴 책은 왜 신뢰할 수 없죠?

강 샘 플라톤은 소피스트를 싫어해. 스승 소크라테스가 소피스트 죄를 대신 뒤집어쓰고 독배를 마시게 되었다고 생각하나 봐. 그런 플라톤이 대화편에서 『프로타고라스』를 써서 후세에 프로타고라스 철학을 전하는데, 순진하게 믿을 수는 없지 않겠어?

혜지 그러게요. 그럼 프로타고라스 철학을 알 수 있는 방법은 없나요?

강 샘 그렇지는 않아. 바로 이 지점에서 니체의 관점주의를 한번 제대로 동원할 필요가 있어. 플라톤이 편협한 입장에서 쓴 대화편만 보지 말고 소피스트적 관점에서 의미를 해석하고 가치를 평가한다면, 어쩌면 프로타고라스 철학을 복원할 수 있을지도 몰라.

혜지 하, 정말 기대되는데요.

강 샘 그러게. 이렇게 복원하면 프로타고라스 철학은 한마디로 다원주의적 상대주의라고 할 수 있어.

혜지 다원주의적 상대주의라고요? 그럼 소크라테스는 뭐라고 해야 하나요?

강 샘   음, 무리는 좀 있지만 소크라테스는 절대주의라고 할 수 있지.

혜지   그렇군요. 그럼 다원주의적 상대주의와 절대주의는 어떻게 다른가요?

프로타고라스

소피스트로서 최초로 돈을 번 사람은 프로타고라스다. 원래 그는 압데라에서 아테네에 파견한 외교관이었다. 플라톤이 쓴 대화편에는 소크라테스가 프로타고라스에게 학생을 가르치는 목적이 무엇인지 묻는 대목이 나온다. 그는 "[내가 제자들에게 가르쳐 주고 싶은 바는] 개인 일들을 잘 처리해서 그가 자신의 집안을 최대한 잘 이끌고, 국가의 일까지도 제대로 수행하는 것이다. 그래서 그가 연설가로서나 실천가로서 폴리스에 실질적으로 공헌할 수 있는 것이다."라고 대답한다.

프로타고라스는 관념적이거나 형이상학적인 것을 가르치고자 하지 않는다. 지극히 실질적이고 현실적인 것을 가르치고자 한다. 가정을 잘 관리하는 기술, 국가 일을 잘 수행하는 기술 등을 실제적·구체적 차원에서 가르치고자 한다. 현대 철학자와 비교했을 때 그는 칼 마르크스(Karl Marx)와 닮아 있다. 마르크스는 이렇게 말한다. "지금까지 철학자는 세계를 여러 가지로 해석만 해 왔는데, 중요한 것은 세계를 변화시키는 일이다."

프로타고라스는 한때 신의 본성을 다룬 글을 쓰기도 했다. 즉, 종교나 신의 문제처럼 형이상학적인 것도 지극히 현실적인 차원으로 끌어와서 가르친다. 종교나 신의 문제를 신앙적인 차원에서, 신비적인 차원에서, 형이상학적 차원에서 다루는 것은 결코 폴리스 공동체 발전에 도움이 되지 않는다. 이 점 또한 마르크스와 닮았다. "종교는 모든 인민의 아편이다." 종교가 현실 문제에서 도피할 수 있는 아편 같은 역할을 해서는 안 된다.

> "[…] 조금 전 우리는 얼굴의 각 부분은 서로 기능이 다르며 서로 같지 않다고 말한 바 있지만, 이런 얼굴의 각 부분조차도 서로 닮은 데가 있으며 같은 데가 있다오. 그러니 그런 논리대로라면, 또 그대가 원한다면 그것들도 모두 서로 닮았다고 증명할 수 있을 거요. 그러나 사물들이 닮은 데가 있다고 해도 닮은 점이 적으면 닮았다고 해서는 안 될 것이며, 사물들이 다른 데가 있다고 해서 다르다고 해서도 안 될 것이오."(『프로타고라스』, 331d-e)

얼굴에 있는 눈, 코, 입 등이 서로 닮았다고 말하면 닮은 것이고, 서로 닮은 바가 없다고 하면 닮지 않은 것이다. 그것들을 어떤 관점과 기준으로 보느냐에 따라 닮았다고 볼 수도 있고, 닮지 않았다고 볼 수도 있다. 하늘에 떠 있는 동일한 구름을 보고도 이 사람은 코끼리를 닮았다고 하고, 저 사람은 토끼를 닮았다고 하는 것이나 마찬가지다. 그렇다면 이 사람과 저 사람이 밝히는 견해 중 어느 것은 옳고 어느 것은 그르다고 단정할 수 없다.

플라톤이 쓴 『프로타고라스』는 사실 덕(德, 아레테)을 논제로 소크라테스와 프로타고라스가 벌이는 논쟁이 중심을 이룬다. 칼리아스 집에서 소크라테스를 만난 프로타고라스는 자신을 '소피스트'이자 교육하는 자로 소개한다. 자신과 함께한다면 시민에게 필요한 정치적 기술인 '생각하는 법'을 배울 수 있다고 말한다. 시민에게 필요한 정치적 기술의 핵심은 광장에 모인 대중 앞에서 연설하여 대중을 설득하는 기술이다. 대중 앞에서 연설을 잘하려면 먼저 사고 능력이 뛰어나야 한다. 잘 생각할 줄 모르는데 잘 말할 수는 없기 때문이다. 그래서 프로타고라스는 잘 생각하는 방법을 터득하게 해서 잘 말할 수 있게도 하겠다는 뜻을 드러낸 것이다. 이 잘 생각하는 법, 사유를 잘하는 법이란 결국 철학의 주요 과제이기도 하다.

이런 프로타고라스의 말에 소크라테스는 반박하며 나선다. 시민이 마땅히 터득해야 할 기술이란 인간 존재의 덕이고, 인간 존재의 덕이란 가르칠 수 있는 것이 아니다. 인간 존재는 태어날 때부터 덕을 지닌 채 태어나기 때문이다. 프로타고라스는 인간 존재가 태어날 때부터 지닌 덕을 시민적 기술이라는 말로 현혹하여 가르치려 든다. 그리고 이렇게 사기를 쳐서 돈을 벌려고 든다.

덕은 선천적인 것이므로 결코 소피스트가 가르칠 수 없다. 건축할 때는 건축가 조언을 들어야 하고, 음악을 연주할 때는 전문 연주자 조언을 받아야 하지만, 정치를 하거나 가정을 근사하려고 소피스트에게 배워서는 안 된다. 이것들은 인간 존재 자신 안에 있는 훌륭한 미덕을 발견해야 비로소 잘할 수 있다. 자기 자신을 잘 아는 것이 가정을 잘 근사하고 정치도 잘하는 길이다. 이것이 소크라테스의 반박이다.

소크라테스 반박에 가만히 있을 프로타고라스가 아니다. 프로메테우스는 인간에게 불만 준 것이 아니다. 즉, 기술적 지식만 주지 않았다. 기술적 지식만으로는 인간 생존을 보장하지 못하기 때문이다. 맹수들 공격을 막아 내려면 기술적 지식만으로는 안 된다. 그래서 프로메테우스는 폴리스 공동체를 이루는 기술을 모든 인간에게 준다. 즉, 정치 기술을 준 것이다.

프로메테우스가 인간에게 준 정치 기술이 덕이라면 그 덕은 모든 인간이 후천적으로 습득할 수 있는 능력이다. 태어난 모든 인간이 죽을 때까지 가정 관리술과 정치 기술을 연마하려고 노력하기 때문이다. 그리고 정치 기술은 후천적이어야 누구나 폴리스 공동체를 이루며 생존과 번영을 도모할 수 있기 때문이다. 반대로 정치 기술을 후천적으로 가르칠 수 없다면, 폴리스 구성원이 공동체를 발전시키려 노력해도 소용이 없으므로 결국 폴리스 공동체는 무너질 것이다.

폴리스 공동체를 형성하는 기술이 선천적인 덕이라면, 극소수 사람만이 정치 기술을 얻을 수 있다. 극소수만이 가질 수 있는 정치 기술은 폴리스 공동체적 기술이라고 할 수 없다. 폴리스 공동체적 기술이 되려면 폴리스 구성원이 자유롭고 평등하게 참여할 수 있어야 하니까 말이다.

여기서 프로타고라스와 소크라테스 철학이 지닌 가장 중요한 대비점이 드러난다. 소크라테스 덕은 선천적이고, 프로타고라스 덕은 후천적이다. 소크라테스 덕은 영혼을 수련해서 발견하는 것이라면, 프로타고라스 덕은 폴리스 시민 각자가 후천적인 노력을 기울여 단련할 수 있는 것이다. 소크라테스 덕은 절대적이고, 프로타고라스 덕은 상대적이다. 소크라테스와 달리 프로타고라스는 폴리스 시민은 노력으로 가정 관리 기술도, 정치 기술도 익힐 수 있다고 생각한다.

소크라테스처럼 삶의 덕이 선천적으로 정해져 있다면, 높은 사람과 낮은 사람은 태어날 때부터 정해져 있다는 논리가 성립한다. 훌륭한 사람과 미천한 사람, 아름다운 사람과 추한 사람 등을 선천적으로 정하기에 후천적 노력으로는 바꿀 수가 없다. 그것은 정치적·사회적 차별을 정당화한다. 반대로 프로타고라스처럼 후천적 노력에 따라 얼마든지 아레테를 획득할 수 있다면 계급적 차별은 있을 수 없다. 후천적 노력 여하에 따라 높은 사람, 훌륭한 사람, 아름다운 사람 등이 얼마든지 될 수 있으니 말이다.

이런 맥락에서 프로타고라스가 한 유명한 말 "인간은 만물의 척도"

도 이해할 수 있다. 모든 인간에게는 저마다 만물을 평가하는 잣대가 있다. 그 모든 잣대는 다원적이고, 상대적으로 존중해야 한다. 폴리스 정치에 참여하는 모든 시민의 견해를 존중해 주듯이 말이다. 그래서 프로타고라스는 상대주의자이지만, 허무주의자는 아니다. 민주적인 다원성을 인정하는 상대주의자, 다원적 상대주의자로 보아야 한다.

플라톤 대화편의 『테아이테토스』에서 소크라테스는 또 다시 대꾸를 한다. "꿈을 꾸거나 정신 질환이 있을 때, 특히 광기가 있을 때는 보고 듣는 것에 광기가 개입하는 바람에 여러 가지 착오, 지각의 오류가 발생하므로 분명히 이것은 참이라고 할 수 없다. 확실히 잘못된 지각일 뿐이다. 이런 착오나 오류가 발생한다면 어느 누구에게든지 그것은 거짓이지 참일 수 없다. [···] 미친 사람들이 스스로를 신이라고 생각하거나 꿈꾸는 사람들이 꿈속에서 제 몸에 날개가 있다고 생각한다면, 분명히 나는 그들의 생각이 잘못되었다고 지적할 것이다."

꿈꾸는 자나 정신 이상자의 인식을 정상인 자의 인식과 동등하게 존중할 수 없지 않느냐는 반문이다. 그래서 프로타고라스의 상대주의를 무너뜨리려는 것이다. 인간의 인식에는 참된 인식도 있고, 거짓된 인식도 있어 그 두 가지를 구별해야지 모두를 상대주의 속에 몰아넣어서는 안 된다.

프로타고라스가 명확하게 대답하는 바는 없다. 하지만 우리는 충분히 추리해 볼 수 있다. "꿈을 꾸는 사람이 지각한 것이나 미친 사람이 지각한 것이나 둘 다 그 나름의 지각이라고 인정할 만하다. 우리에게는 그것을 잘못된 지각이라고 판단할 수 있는 객관적 검증 기준이 없기 때문이다. 하지만 대부분의 사람이 꿈을 꾸는 사람이나 미친 사람의 지각 내용을 그다지 신뢰하지 않는 것 또한 사실이다. 그들의 지각도 지각이기는 하지만 신뢰성이 떨어지는 지각인 셈이다."

프로타고라스는 참된 인식과 거짓된 인식으로 이분화하지 않는다. 모든 인식은 인식이다. 다만 상대적으로 신뢰성이 높은 인식도 있고, 신뢰성이 낮은 인식도 있을 따름이다. 인식의 신뢰성 면에서 정도의 차이가 있는 것이지 참과 거짓으로 이분화할 수는 없다. 소크라테스가 당황해하는 표정이 눈에 선하다.

소크라테스도 새로운 비판을 날린다. "프로타고라스가 한 주장이 맞다면, 그래서 사람들마다 제각각 진리를 볼 수 있다면, 어떻게 누군가가 다른 사람보다 더 현명하거나 지혜로워서 다른 사람을 가르치는 선생이 될 수 있나?" 인간에게 저마다 진리가 있다면, "프로타고라스, 너는 왜 아직도 네 혼자만 진리를 아는 것처럼 타인을 가르치려 드느냐?"는 것이다(소크라테스는 상당히 비꼬거나 염장 지르기를 잘한다).

프로타고라스의 상대주의에 따르면 프로타고라스의 진리는 오직 프로타고라스만의 진리고, 다른 사람은 또 그 나름의 진리를 가질 테니까 아무도 다른 사람을 가르칠 수 없다. 모든 인간이 저마다 진리를 가지고 있는데 프로타고라스처럼 가르친다면 그것은 다른 사람의 진리를 무시하거나 억압하는 것이다. 소크라테스의 비판도 만만찮다.

이번에도 프로타고라스의 입장에서 할 말을 추려 볼 수 있다. "나는 아테네 시민들에게 무언가를 가르치는 것이 아니다. 아테네 시민들에게 내 견해를 일방적으로 주입하고 싶지도 않다. 내가 그런 태도를 지녔다면 소크라테스처럼 절대주의자일 것이다. 다만 나는 아테네 시민들에게 좀 더 나아 보이는 지식을 제시할 뿐이다. 그 지식을 받아들이거나 받아들이지 않는 것은 아테네 시민들 선택에 달린 문제다."

반격 논리가 궁색해지자 소크라테스는 약삭빠르게 논점을 옮긴다. 개인에서 집단이나 국가로 옮겨 계속 공격한다. "프로타고라스, 당신의 상대주의가 인정받으려면 지지자가 어느 정도 있어야 할까? 절대다수가 당신의 상대주의를 지지하지 않는데도 계속 상대주의를 고집할 것인가? 상대주의를 그대로 따르더라도 문제가 남지 않나? 상대적 진리는 그 진리를 믿는 사람에게만 참이니까 말이다. 상대주의는 자기모순에 빠지지 않나?"

소크라테스는 상대주의가 인정할 수 있는 지지자의 수가 어느 정도인지 묻는다. 상대주의 그 자체가 펼치는 논리대로라면 지지자가 단 한 명이더라도 그것을 진리로 인정해야 하기 때문이다. 그렇게 되면 절대다수가 지지하지 않고 오직 한 명만 지지하는 것도 절대다수가 지지하는 진리와 동등하게 진리로서 인정해 주어야 하는데, 그것은 불합리하지 않느냐고 반문한다. 그리고 그렇게 끝없이 상대적 진리를 인정하다 보면 결국 이 진리와 저 진리가 서로 모순·충돌할 것이다. 그러면 상대주의 스스로 상대주의를 부정하는 지경에 이르지 않나?

하지만 프로타고라스를 어찌 이기랴! "모든 상대적 진리는 그 나름의 가치를 인정해 주어야 한다. 절대다수가 지지하든 극소수가 지지하든 모두 동등한 가치를 지닌다. 애초에 무엇이 옳고 다른 무엇이 그른지 판별할 수 있는 객관적 기준이 없으니 말이다. 그런데 그렇게 인정한 무수한 견해 중 모순·충돌을 일으키는 견해가 있다면 그 두 견해 중 하나는 인정할 수 없는 것이 당연하다. 분명히 그 두 견해 중 한 견해는 다른 한 견해와만 모순·충돌을 일으키는 것이 아니라 다른 모든 견해와도 모순·충돌을 일으킬 것이기 때문이다. 그 한 견해가 다른 모든 견해와 모순·충돌을 일으키는 이유는 한 가지밖에 없다. 자기 견해만 옳고 다른 견해는 모두 그르다고 독선과 독단을 부리기 때문이다. 아무리 상대주의라 하더라도 이런 견해는 인정할 수 없다. 이것을 인정하면 상대주의의 넓은 광장이 파괴될 것이기 때문이다."

깐죽거리는 소크라테스에게 프로타고라스는 매우 강력한 응징을 가한다. "소크라테스, 너는 내 상대주의를 인정하지 않잖아. 그러면서도 나의 상대주의를 빌미로 네 절대적 진리를 인정해 달라고 떼를 쓰는 것은 정말 웃기는 일 아니겠어. 네 절대적 진리를 내가 어리숙하게 인정하면 나 스스로 상대주의를 부정하는 것이 되지. 그런데 어떻게 네 폭력적 절대 진리를 인정해 줄 수 있겠니?"

염세주의자 안티폰의 재발견
: 부패한 권력을 강렬하게 비판하다

혜지   강 샘, 여쭈어볼 것이 있어요. 어디 계세요?

강 샘   혜지 너는 정말 궁금한 것이 많구나. 그래, 언제든지 물어봐. 내가
아는 한 최선을 다해 대답해 줄게.

혜지   지난번에 샘이 말씀해 주신 프로타고라스는 잘 알겠어요. 그런데
소피스트 중에는 프로타고라스만 있지 않잖아요? 다른 소피스트
는 없나요?

강 샘   그렇지. 프로타고라스 외에도 안티폰이라는 소피스트가 있지. 안
티폰도 잘못 알려진 바가 많고…….

혜지   그러게 말이에요. 저는 지난번에 프로타고라스와 소크라테스가
벌이는 토론을 샘이 상상력을 동원하여 복원한 것을 듣고 깜짝 놀
랐어요. 제가 알기론 소크라테스는 성인이고 프로타고라스는 얍

삽한 궤변론자인데, 전혀 다르더라고요.

강 샘 안티폰도 그렇단다. 흔히 안티폰은 당대를 대표하는 염세주의자로 알려져 있어. 그런데 정말 그럴까?

혜지 그럼, 알려진 바와 달리 안티폰이 염세주의자가 아니란 말이에요?

강 샘 그래, 그렇단다. 최소한 내가 알아본 바로는 그는 염세주의자가 아니야. 염세주의자라기보다는 민중의 편에 서서 자유를 외친 혁명적 정치가에 가까워.

혜지 네! 염세주의자가 아니라 혁명적 정치가요? 정말 너무 다른 이미지 아니에요?

강 샘 그러게 말이다. 어떤 이유인지 모르지만 소피스트들은 왜곡되어 알려진 경우가 많단다. 게다가 소피스트들이 썼다는 책도 제대로 전해지지 않고……. 중국의 진시황이 분서갱유를 했다고 하는데, 소피스트가 쓴 책들도 분서갱유를 당한 것이 아닌가 하는 의문이 들어.

혜지 강 샘, 지금 아주 어마어마한 이야기를 하신 거 알죠?

소피스트 중에 가장 거만한 사람이 히피아스라고 한다면, 그와 반대로 가장 겸손한 사람은 안티폰(Antiphon)이다. 그렇지만 안티폰의 겸손함은 후세에 별로 부각되지 않고, 그의 염세주의(pessimism)만 유명하다. 아마 그가 이런 말을 했기 때문일 것이다. "여보게 친구, 인생이란 시작부터 끝까지 불평불만으로 가득 차 있네. 소중하거나 위대하거나 숭고한 일이란 눈을 씻고 보아도 없고, 온통 하찮은 일, 미약한 일, 한순간의 일만 가득하네. 세상 모든 것이 슬픔에 젖어 보이지 않나?"

안티폰

하지만 이 말만 듣고 과연 안티폰을 그저 염세주의자로 낙인찍는 것이 타당할까? 이제까지 소피스트들이 한 말도 마찬가지였지만, 안티폰이 한 이 말도 당시대 상황과 결부시켜 놓고 보면 전혀 다른 의미로 이해할 수 있다. 안티폰이 겸손하다고 알려진 바와 안티폰이 한 이 말은 모종의 상관관계가 있다.

기원전 480년, 아테네는 페르시아와 전쟁을 하면서 살라미스에서 승리한다. 기원전 479년에는 플라타이아에서도 승리한다. 하지만 이후 아테네 폴리스는 점점 쇠락해 간다. 전쟁을 하느라 폴리스의 정치, 사회, 경제는 엉망이 된다. 폴리스 전통도 붕괴하고 정치 체제에 대한 믿음도

사라져 간다. 그도 그럴 것이 당시에 집권 세력들의 부정부패가 너무나
심했다.

"일상생활의 평안을 깨뜨리는 전쟁은 폭력적인 지도자와도 같아서, 대중
도 전쟁의 폭력적 기질을 갖게 된다. 사람들은 자신의 행동을 정당화하
려고 말의 의미조차 제멋대로 왜곡해 버린다. 그래서 언어의 전통적이고
관습적인 의미가 변하여 사회 혼란을 초래한다. 예를 들어 무모한 호기
는 공동체를 위한 용기와 충성으로, 신중한 고려는 겉만 그럴듯한 비겁함
으로 의미를 왜곡한다. 중용과 자기 절제는 옹졸함과 소심함으로, 공동
체 전체의 이익을 추구하는 행동은 한 개인의 입장에서 해서는 안 될 것
으로 평가해 버린다. 이제 아테네는 상상도 할 수 없는 범죄를 저지르는
자에게 엄청난 박수갈채를 보내는 사회가 된 것이다."(투키디데스, 『펠로폰네
소스 역사』, 3.82)

투키디데스가 목격한 기원전 5세기 후반의 아테네는 비참했다. 페르
시아 전쟁에서 승리한 기쁨은 온데간데없고, 야수처럼 변한 정치권력자
의 횡포만 난무한다. 대중도 이런 정치권력자를 닮아서 폭압적이고 부
도덕하여 인간다움을 잃어버린다. 이제 아테네에서는 가장 흉악한 범죄
자가 가장 위대한 자로 칭송받기에 이른다. 아테네 정치 체제는 망가질
대로 망가진다.

아테네인이 쓰는 언어조차 혼란스럽다. 비겁함을 용기로, 부정의를

정의로움으로 쓴다. 언어가 혼란스럽다는 것은 아테네 사회 구성원이 합의하는 공통 윤리나 도덕이 없다는 의미다. 이제 아무도 아테네 관습과 법을 따르지 않는다. 아테네 관습과 법은 더 이상 사회적 약자를 보호해 주지 않는다. 이제 아테네 폴리스는 쇠퇴할 일만 남는다.

이런 상황을 두고 안티폰이 그렇게 회의적으로 말한 것이라면, 우리는 안티폰을 재고할 필요가 있다. 안티폰은 염세주의자가 아닌지도 모른다. 안티폰은 당대 정치 현실의 처참한 상황을 고발하고자 이렇게 말했는지도 모른다.

법이란 무엇이며, 왜 인간은 무조건 법에 복종해야 하나? 일상생활의 이 모든 것과 내 삶을 두고, 누가 법을 앞세워 함부로 결정해 버린단 말인가?

정권을 쥔 자들은 순전히 자신에게 필요한 법만 만들고, 정권을 유지할 목적으로 법을 집행한다. 그러면서도 아테네 시민들에게 일방적이고 강압적으로 이 법에 복종하기를 요구한다. 정권을 쥔 자가 그 어떤 악법을 만든다고 하더라도 법은 법이니까 일반 시민은 그 법을 따라야 한다는 식이다. 이런 법 지배를 받는 상태에서는 결코 개별 인간 존재의 자율성과 주체성이 보장되지 않는다.

물론 과거 한때 왕이 휘두르는 전횡에서 벗어나 아테네 시민들이 폴리스적인 공공성과 공개성을 확보하는 데 법이 큰 역할을 한 적도 있다. 법을 제정하여 여기에서 규정하지 않은 것은 집행하지 못하도록 한 것이다. 하지만 안티폰이 살던 시대에는 이런 법이 타락하여 권력을 유지하는 수단이 되고 만다. 법은 더 이상 아테네 시민 모두에게 공공적이거나 공개적인 무엇이 아니다. 이렇게 타락한 법이라면 차라리 없애는 것이 낫다. 법이 없었던 자연 상태로 되돌아가는 것이 낫다고 안티폰은 생각한다.

원래 법(노모스)은 '옳은 것으로 믿어지다(nomizetai: 노미제타이)'는 동사나 '적합하게 배분하다(nemetai: 네메타이)'는 동사에서 파생한 말이다. 그래서 법은 폴리스 구성원에게 정치적 이익을 골고루 잘 분배하여, 구성원 모두가 옳은 것으로 믿는 상태가 되도록 해야 한다. 왕정 체제에서는 왕이 한 말이 곧 진리요 법이므로 구성원 모두가 승낙할 만큼 공정하게 분배를 할 수 없다. 이런 부조리를 막으려고 법을 만든 것이다. 그러므로 법은 반드시 공공성과 공개성을 원칙으로 해야 한다.

그 공공성과 공개성은 신법(神法)으로 보장한다. 제우스 신은 짐승과 달리 모든 인간에게 정의의 능력을 부여한다. 약한 인간이 짐승의 공격을 막고 생존을 도모하려면 공동체를 이루어야 하는데, 그 공동체를 잘 유지하려면 정의로운 분배 능력을 갖추어야 하기 때문이다. 그래서 법은 인간이 폴리스 공동체를 유지하는 데 반드시 필요한 정의를 실현하는 수단이다.

신이 보장하는 공공성과 공개성에 준하여 법을 제정하고 집행해야 하는데, 안티폰이 살던 시대에 법은 오로지 권력자 이익을 위해 인민에게 강제하는 무기가 되어 버린다. 이것은 진정한 의미의 노모스가 아니다. 폴리스 공동체에 정의를 실현하여 구성원 모두를 행복하게 하는 법이 아니기 때문이다.

> "[정치권력으로 제정한] 관습법이 자연의 이치를 따르지도 않고, 정의롭지도 않으며, 오히려 그것에 적대적이기 때문에 우리는 이런 관습법을 비판할 수밖에 없다. [권력자가 제멋대로 만든] 관습법은 [시민들에게] 눈으로 무엇을 보아도 되고 무엇을 보아서는 안 되는지 명령하며, 귀로 무엇을 들어도 되고 무엇을 들어서는 안 되는지, 입으로 무엇을 말해도 되고 무엇을 말해서는 안 되는지, 손으로 무엇을 만져도 되고 무엇을 만져서는 안 되는지, 발로 어디에 가도 되고 어디에 가서는 안 되는지, 그리고 심지어 마음으로 무엇을 소망해서는 되고 무엇을 소망해서는 안 되는지 명령한다. 이런 관습법이 사람들에게 권유하는 바나 금지하는 바 중에서 단 하나라도 자연법에 부합될 만한 것은 없다." (안티폰, 『진리론』, pp.347-48.)

당시의 집권 세력이 만든 법은 자연법 또는 신법에서 멀어져 있다. 더 이상 법은 정의를 실현하지 않는다. 권력자들은 법을 이용하여 자신의 이익을 챙기기 바쁘다. 법이 일반 시민들의 눈과 귀와 입과 손발, 심지어 마음까지 통제하고 구속한다. 아테네 시민의 자유를 보장하는 법이 아니라, 그들을 구속하고 억압해서 권력자 이익을 보장하는 법이 되어 버렸다.

안티폰을 비롯한 많은 소피스트는 피지스보다는 노모스를 지향한다. 하지만 지금에 와서 그 노모스는 과거의 피지스보다 더 큰 폐해를 준다. 그렇다면 이런 노모스는 폐기 처분해야 한다. 폴리스 공동체 구성원에게 자유와 행복을 주는 원래의 노모스로 돌아가야 한다.

> "하지만 [인간의] 삶은 자연에 속하며, [인간의] 죽음 또한 자연에 속할 뿐이다. 그리고 자연에 속한 [인간의] 삶은 이로움과 연관되며, 죽음은 이롭지 않음과 연관된다. [인간 삶에] 이로운 것을 말해 보자면, [정치권력자가 만든] 관습법이 시민들에게 이롭다고 주장하는 것들은 실제로는 시민들에게 멍에가 될 뿐이며, 자연법이 시민들에게 이롭다고 주장하는 것들은 시민들에게 자유를 줄 뿐이다. 자연 이치에 준하여 생각해 보면, [시민들에게] 슬픔을 주는 것이 기쁨을 주는 것보다 더 이로울 수는 없다. [시민들에게] 고통을 주는 것이 쾌락(快樂)을 주는 것보다 더 이로울 수 없다. 자연 이치에 준하여 볼 때, 진정한 이로움은 [시민들에게] 결코 해(害)를 입히는 것일 수 없다." (안티폰, 『진리론』, pp.348-49.)

노모스는 인간 자연, 인간 본성에 부합되게 제정해야 한다. 노모스는 '인간에게 자연스럽게 좋은 것(agathon: 아가톤)'이어야 한다. 그런데 인간에게 자연스럽게 좋다는 것은 그 무엇보다 먼저 자유로운 상태를 의미한다. 자유로운 인간은 기쁨과 쾌락도 느낄 수 있기 때문이다. 반대로 부자유한 인간은 슬픔과 고통을 느끼고, 인간에게 슬픔과 고통을 주는 일은 자연에도 이롭지 않다. 인간도 자연적 생명체 중 하나이기 때문이다.

그래서 안티폰은 '인간에게 진정으로 이롭고 좋은 것들'을 도모하는 것이 올바른 이치라고 말한다. 인간에게 이롭고 좋은 것이 자연 이치에 부합하는 것이며 인간의 본성에 맞는 것이다. 인간에게 이롭고 좋은 것은 인간이 기쁨과 쾌락을 누리는 것이고, 인간이 기쁨과 쾌락을 누리려면 자유로운 상태에 있어야 한다. 따라서 인간 사회에 가장 바람직한 노모스는 인간 자유를 보장하는 것이다.

> "좋은 가문에서 태어났다는 이유로 그 사람을 칭찬하고 존경하며, 낮은 가문에서 태어났다는 이유로 그 사람을 전혀 경외하지도 존경하지도 않는다. 이것은 우리 폴리스 공동체를 우리 스스로 야만스럽게 만드는 일이다. 모든 사람은 모든 점에서 자연적으로 동등한 본성을 타고났기 때문이다. 또 우리 중에서 누구는 야만인으로, 다른 누구는 헬라스 문명인으로 태어나도록 하는 차별적 기준이 있는 것도 아니다. 우리는 모두 동일한 방식으로 입과 코로 숨을 쉬며, 손으로는 식사를 하는 인간이기 때문이다." (안티폰, 『진리론』, pp.352-53.)

안티폰은 계급, 출신, 인종이 다르다고 사람을 차별하는 일은 지극히 야만적이어서, 문명화된 인간이 야수 같은 상태로 전락하는 것이라고 강조한다. 아테네의 찬란한 문명은 높은 계급, 좋은 가문, 훌륭한 인종의 인간들이 이룩한 것이 아니다. 자연의 관점에서 볼 때 모든 인간은 동일하고 평등하다. 이런 동등한 인간을 불합리한 기준에 따라 차별하거나 비하해서는 안 된다.

안티폰이 보기에 인간 존재의 진정한 존엄성은 외부적 요인에 있지 않다. 인간 존재가 존엄할 수 있는 것은 내면적 합리성에 있다. 인간 존재는 좀 더 형이상학적인 기준에 따라 평가해야 한다. 따라서 외부적 차원에서는 모든 인간이 동일한 자연(본성)을 가지므로 차별받을 이유가 전혀 없다.

하지만 기원전 5세기 아테네 민주정은 법으로 정해 놓은 범위 안에서만 평등을 실현한다. '법 앞에서 평등(이소노미아)'은 30세 이상의 아테네 남성들에게만 시민권을 주고, 그들에게만 평등을 보장한다. 여성이나 노예나 외국인 등에게는 여전히 차별적이다. 안티폰은 이렇게 지나치게 제한적인 '법적 평등성'을 '자연적 평등성'까지 확장하자고 주장한다. 그는 실로 혁명적인 사상가였던 것이다.

> "인간이 자연적으로 어떤 상태에 처해 있는지 고찰해야 한다. 이런 상태란 사람들이 타인의 허락을 구하거나 그의 의지에 구애받지 않고, 자연법 테두리 안에서 스스로 적당하다고 생각하는 바에 따라서 자신의 행동을 규율하고 자신의 소유물과 인신을 처분할 수 있는 완전한 자유 상태다. 또 평등 상태이기도 한데, [⋯] 동일한 종류의 피조물은 차별 없이 자연의 동일한 혜택을 받고 태어나 동일한 재능을 사용하기 때문에 [⋯]"
>
> (존 로크, 『통치론』, p.11)

안티폰의 사상은 근대 사회 계약론자인 존 로크에 닿는다. 인간은 자연적 동일성에 따라 평등하며, 자유 상태에 놓여 있는 것이 자연적으로 적합하다. 역사적 맥락, 시공간적 간격이 상당히 크기는 하지만, 인간의 자유·평등 상태, 자연법 실현 등을 주장한다는 점에서 안티폰은 근대 사회 계약론자와 구별되지 않는다. 이쯤 되면 다시 물어볼 필요가 있다. 안티폰은 정말 염세주의자이고 회의주의자일까?

3
트라시마코스 '정의는 없다'
vs 소크라테스 '정의는 있다'

강 샘   혜지야, 어서 와. 오늘은 뭘 좀 알아볼까?

혜지   안녕하세요, 강 샘. 여전히 제 관심은 소피스트예요. 소크라테스 그늘에 묻힌 소피스트를 새롭게 발견하는 재미가 쏠쏠하네요.

강 샘   오, '소크라테스의 그늘'이라…… 멋진 표현이군. 그래, 맞아. 소피스트 중에는 소크라테스 그늘에 묻힌 사람이 많지. 그중에는 트라시마코스도 있어.

혜지   아, 트라시마코스는 어떤 사람이에요?

강 샘   플라톤의 대표작은 역시 『국가』잖아. 그 『국가』에서 소크라테스와 처음으로 토론을 벌인 소피스트야.

혜지   그렇군요. 무슨 주제였는데요?

강 샘   『국가』에서는 플라톤이 그리는 이상 국가의 모습이 드러나. 플라톤이나 소크라테스는 이상 국가가 정의로운 국가라고 생각해. 그래서 국가적 차원에서 정의란 무엇인가를 두고 소크라테스와 트라시마코스가 토론한 거야.

혜지 그렇다면 소크라테스와 트라시마코스가 '정의'를 두고 서로 다른 '정의'를 내린다는 말이네요.

강 샘 하하, 그렇지. 앞에 나온 정의는 'justice'고, 뒤에 나오는 정의는 'definition'인 거 맞지?

혜지 네, 맞아요. 흐흐. 제가 말장난 좀 했죠.

강 샘 한마디로 소크라테스와 트라시마코스는 '정의'가 있느냐 없느냐로 서로 의견이 대립되지. 소크라테스는 '정의'가 분명히 있고, 그래서 그 '정의'를 정의 내릴 수 있다고 말해. 하지만 트라시마코스는 '정의'가 없다고 말해. '정의'가 없으니 '정의'를 정의 내린다는 것 자체가 무의미하고 불가능한 일이라는 것이 트라시마코스의 입장이야.

혜지 '정의'가 없다고요? 트라시마코스는 정말 어마어마한 말을 하네요.

강 샘 그렇지, 우리 상식으로는 사회 정의가 없다면 그 국가 사회는 무질서하거나 혼란스러울 테고, 무질서하거나 혼란스러운 사회는 불행한 사회지. 그래서 정의가 없다는 트라시마코스 주장은 상식적으로 납득할 수 없는 말이기도 해.

혜지 그런데 트라시마코스는 왜 이렇게 말한 거죠? 이번에는 소크라테스가 토론 경쟁에서 이기나요?

강 샘　흠, 소크라테스와 트라시마코스 둘 중 누가 토론에서 이겼는지는 잘 모르겠는데. 트라시마코스가 "정의는 없다."라고 말한 데는 그 나름대로 설득력 있는 이유와 근거가 있더라고.

혜지　그래요? 정말 흥미진진하네요. "정의는 없다."라고 말한 것이 설득력이 있다니…….

트라시마코스

　"사건이 법정으로 갈 경우, 피해자가 반드시 가해자보다 득이 된다고 생각하면 잘못이다. 피해자는 자신이 해를 입었다고 배심원을 설득해야 하며, 아주 엄밀한 의미의 정의(正義)에 호소해야만 재판에서 이길 수 있기 때문이다. 반대로 가해자에게는 자신의 범죄를 부인할 수 있는 기회가 주어진다. 그도 피해자 고발에 스스로를 방어할 수 있고, 피해자와 똑같이 배심원을 설득할 수 있는 기회를 부여받는다. 그러니까 법정에서는 결국 누가 더 잘 배심원을 설득하느냐에 따라 승패가 갈라진다." 안티폰이 한 말이다.

　그가 한 말만 보면, 법정은 가해자나 피해자 모두에게 기회를 준다. 이런 면에서 법정은 공정하다. 하지만 그뿐이다. 가해자나 피해자나 '말발'에 의존해서 배심원을 설득해야 한다. 피해자라 하더라도 '말발'이 좋지 않으면 피해자 권리를 제대로 보장받지 못한다. 가해자라 하더라도 '말발'이 좋으면 가해자가 아닌 것이 되어서 책임이나 처벌을 면할 수 있다. 과연 이런 공정함이 정의로움이라고 할 수 있을까?

　안티폰이 민중의 편에 서서 정치 활동을 하던 소피스트라는 점을 염두에 두면, 이 말은 결국 민중에게 불리한 당시 법정이나 재판 문제를 꼬집은 것이라고 할 수 있다. 겉으로는 공정하지만 실제로는 매우 부정의하게 법정을 운영한다는 뜻이기 때문이다. '말발'이 좋은 가해자라는 것은 결국 상당한 사회적 지위나 권력을 가진 자이거나 엄청난 부를 축적한 자다. 결국 법정에서 내린 판결은 사회적 권력이나 부력 정도에 따라 좌지우지된다.

　이런 안티폰의 생각은 고스란히 트라시마코스에게 이어진다. 폴리스를 정의롭게 운영할 것이라는 생각은 너무 순진하다. 시민인 '나'의 감시와 견제가 없어도 정치권력자가 알아서 정치를 잘할 것이라고 생각하면 더더욱 웃긴다. 권력자는 '정의'를 입에 달고 있지만, 실제로는 정의롭지 않다. 겉으로 '정의 실현'을 외쳐 놓고 실제로는 부정한 짓을 저지른다.

그래서 트라시마코스는 안티폰보다 한 걸음 더 나간다. "정의는 강자에게만 이익"(플라톤, 『국가』)이 될 뿐이다. 정치권력자나 사회적 강자들이 국가 사회를 정의롭게 운영하리라고 기대해서는 안 된다. 그들은 자기 이익 외에는 관심이 없다. 정의를 외치는 것도 자신에게 이익이 되기 때문이다. 법도 자기 이익을 위해 제정하지 정의를 위해 제정하지는 않는다.

정치권력자나 사회적 강자들은 이렇게 행동함에도 시민들에게서 칭찬받는다. 폴리스 전체를 탕진하여 자신의 이익을 챙기는 서슬에 놀라 감히 시민들이 그들을 비판하지 못하기 때문이다. 그래서 "폴리스 전체를 대상으로 도둑질하는 자일수록 칭찬을 받는다." 생계가 어려워 좀도둑질을 한 가난한 서민은 중벌을 받는데도 말이다.

트라시마코스가 보기에 실수를 저지르는 권력자가 있다면 그는 진정한 의미의 강자가 아니다. 진정한 의미의 권력자나 강자는 이익을 챙기는 데 절대 실수하지 않는다. 조금의 빈틈도 허용하지 않고 촘촘하게 시민들을 착취하고 수탈해서 제 이익을 챙긴다. 그러면서도 아주 세밀하게 법과 제도를 다듬어 자신을 정의로운 권력자로 선전한다(340c-341a).

트라시마코스는 양치기나 목동의 예도 든다. 그들이 양이나 소에게 좋은 것을 먹이고 살찌우고 돌보는 이유는 전부 자신에게 이익이 되기 때문이다. 마찬가지로 정치권력자도 겉으로는 폴리스의 평범한 시민들을 위하는 척하지만, 실제로는 오직 자기 이익만을 위해서 정치 활동을 한다. 가장 부정의한 것이 가장 정의로운 것이 되어 버릴 지경이다.

말 그대로 정의로움을 추구하고 실천하는 자가 있다면 그는 불행할 수밖에 없다. 그는 정의로우니까 부정의한 자를 해코지하지 않지만, 부정의한 자는 그를 해코지할 것이기 때문이다(343b-344a). 그래서 자칭 정의로운 자는 사실 정의로운 자가 아니라 멍청한 자다.

흔히 정치 관료를 일러 목민관(牧民官)이라고 한다. 백성을 양이나 소 기르듯이 좋은 것을 먹이고 살찌우는 존재가 정치 관료라는 의미다. 트라시마코스가 보기에 이 용어는 매우 기만적이다. 정치 관료가 제 이익은 챙기지 않고 백성에게 좋은 것을 먹이고 살찌울 턱이 없다. 정치 관료가 백성에게 좋은 것을 먹이고 살찌우겠다고 말한다면 오히려 백성을 괴롭힐 다른 꿍꿍이가 있어서다.

트라시마코스는 한비자나 애덤 스미스를 연상시킨다. 한비자는 "의원이 환자 상처를 빨아 그 고름을 입에 담는 것은 환자에게 혈육의 정을 느껴서가 아니라, 자신의 이익을 보고 하는 것이다. 수레 제조자는 많은 사람이 부자가 되기를 바라고, 장의사는 많은 사람이 죽기를 바란다." 라고 말한다. 애덤 스미스는 『국부론』에서 "우리가 저녁 식사를 기대할 수 있는 것은 정육업자, 양조업자, 제빵업자가 자비심을 베풀었기 때문이 아니라 그들이 개인 이익을 추구했기 때문이다. 사람은 누구나 생산물의 가치를 극대화하는 방향으로 자신의 자원을 활용하려고 노력한다. 그는 공익을 증진하려고 의도하지 않으며, 또 얼마나 증대시킬 수 있는지도 알지 못한다. 그는 단지 자신의 안전과 이익을 위해 행동할 뿐이다."라고 말한다.

트라시마코스가 이렇게 냉소적으로 말하는 이유는 시민 의식을 일깨우기 위해서다. 시민이 감시하고 비판하고 견제하지 않으면 권력은 부패하게 되어 있다. 그가 말한 '정의는 없다'는 '시민 의식이 깨어 있지 않으면 정치권력은 정의를 망가뜨릴 것이다'로 바꾸어 읽어야 한다. 아테네 시민들이여, 깨어나라! 부패한 권력의 달콤한 말을 믿지 마라!

트라시마코스가 살던 당대 권력은 얼마나 부패했을까? 도대체 얼마나 부패했기에 저렇게 냉소적인 목소리로 말했을까? 그는 당대의 권력도 비판하고, 그런 권력의 부패를 제대로 인식하지 못하는 아테네 시민에게도 호소를 할 양으로 이렇게 외쳤으리라. "정의는 죽고 없다!"

4
글라우콘 '시민 정의'
vs 소크라테스 '국가 정의'

강 샘	혜지야, 어디 있니?
혜지	아니, 오늘은 강 샘이 저를 먼저 찾으시네요. 웬일이세요?
강 샘	아, 여기 있었구나. 지난번에 트라시마코스를 알아보았잖아?
혜지	네, 그랬지요.
강 샘	트라시마코스와 함께 반드시 알아야 할 소피스트가 있거든.
혜지	아, 그렇군요. 그가 누군데요?
강 샘	바로 글라우콘이라는 인물이야.
혜지	글라우콘이요? 플라톤 형 아닌가요?
강 샘	그래, 맞아. 글라우콘은 플라톤 친형이기도 하지.
혜지	글라우콘이 트라시마코스와 무슨 상관이 있죠?
강 샘	소크라테스가 내린 이상적인 정의를 두고 트라시마코스가 현실

에 그런 정의는 없다고 강하게 부인했잖아. 그런데 트라시마코스의 견해에는 뭔가 부족한 감이 없지 않거든.

혜지 맞아요. 저도 샘과 공부하고 나서 돌아서니까 뭔가 찝찝하더라고요. 트라시마코스가 한 말대로라면 현실 속에는 정의가 없다는 것인데, 그렇다면 우리는 사회 정의를 영원히 세울 수 없나 하는 의문이 들었어요.

강 샘 역시 혜지, 예리하단 말야. 트라시마코스는 소크라테스의 이상적인 정의론을 비판하기만 했지 막상 사회 정의를 세울 수 있는 대안은 제시하지 않았거든. 그래서 트라시마코스 정의론은 반드시 글라우콘 정의론으로 이어지게 되어 있지.

혜지 그럼, 글라우콘이 트라시마코스가 제시하지 못한 사회 정의를 실현하는 방법을 알려 준다는 말씀이군요.

강 샘 그래, 맞아. 글라우콘은 트라시마코스가 밝힌 견해를 더욱 발전시켜 사회 정의를 세울 수 있는 아주 중요한 방법론을 제시하는 셈이지.

혜지 하, 참 신기하네요. 동생 플라톤은 소크라테스의 열렬한 지지자이면서 제자고, 그 형은 소크라테스에 대립하여 소피스트적 견해를 보이고…….

강 샘 그러게 말이다. 같은 부모에게서 나온 형제인데도 저렇게 다른 철학적·정치적 견해를 보이니 말이다.

글라우콘

　플라톤이 쓴 『국가 I 』에서는 소크라테스와 트라시마코스 논쟁이 중심이라면, 『국가 II 』에서는 소크라테스와 글라우콘의 논쟁이 중심이다. 글라우콘은 "정의롭지 못한 것보다는 정의로운 것이 모든 점에서 더 좋다고 우리를 설득하는 것처럼 '보이기'를 바라는지, 아니면 진정으로 설득당하기를 바라는지"(357a-b) 묻는다. 즉, 소크라테스에게 정의로움이 모든 면에서 좋다고 생각하는지 묻는다. 소크라테스는 이 질문에 당연히 정의로움은 좋은 것이고, 이 점에 우리는 모두 진정으로 설득당할 것이라고 대답한다. 소크라테스는 트라시마코스와 논쟁을 벌일 때 입장이나 태도를 그대로 유지한다.

　그러자 글라우콘이 좋은 것(아가톤)의 세 가지 종류를 열거한다. 첫째, 결과 때문이 아니라 그 자체로 좋은 것이다. 둘째, 그 자체로도 결과로도 좋은 것이다. 셋째, 그 자체 때문이 아니라 결과로 좋은 것이다. 이 세 가지 좋은 것 중에 정의는 어느 것이냐고 묻는다(357b-d). 정의로움은 국가·사회적으로 좋은 효과를 낳으므로 좋은 것인지, 아니면 좋은 효과와 상관없이 정의로움 그 자체로 좋아서 좋은 것인지 묻는다. 소크라테스는 둘째인, 즉 정의로움 그 자체로도 좋고 결과나 효과 면에서도 좋아서 좋은 것이라고 대답한다.

소크라테스가 보기에 대중은 정의를 잘못 알고 있다. 정의가 좋은 효과를 보여야 한다고 대중은 판단하는데, 그것은 잘못된 생각이다. 정의는 좋은 효과와는 상관없이 그 자체로 정의롭기 때문에 좋은 것이 되어야 하며, 그 자체로 정의롭기 때문에 좋은 효과도 부수적으로 발생하는 것이다(358a).

글라우콘은 이런 소크라테스 견해에 반대하며 대중 편을 든다. 부정의한 사람의 삶이 정의로운 사람의 삶보다 훨씬 좋다고 말할 수는 없다. 그런데도 우리가 살고 있는 이 현실 속에는 당혹스러울 정도로 부정의한 사람이 많지 않느냐? 그 사람들이 왜 정의롭게 살지 않고 부정의하게 살겠느냐? 부정의하게 살면 결과나 효과가 분명 좋기 때문이지 않겠느냐?(358b-d)

또 글라우콘은 가장 정의로운 사람과 가장 불의한 사람을 비교해 보고, 누가 더 행복한지 판단하자고 제안한다. 가장 정의롭지 않은 사람은 가장 정의로운 것처럼 보인다. 그래서 가장 정의롭지 않은 사람은 가장 큰 부정을 저지르고도 가장 정의롭다는 평판(doxa: 독사)을 얻는다. 반면에 가장 정의로운 사람은 부정하다는 평판을 얻는다. 따라서 가장 정의로우면 가장 불행하고, 가장 부정의하면 가장 행복하다(360e-362c).

트라시마코스는 말한다. 이상적인 정의가 있는지 모르겠지만, 우리가 살고 있는 이 현실에서는 정의를 찾아볼 수 없다고 말이다. 이런 맥락에서 글라우콘도 말한다. 이상적으로 정의 그 자체의 좋음이 진정한 의미에서 좋음인지는 모르겠지만, 이 현실 속에서 부정의함이 더 좋은 효과를 낳는 것은 분명하다. 현실에서는 부정의함이 개개인에게 가장 좋은 효과를 낳는데, 소크라테스는 이상 국가에서 실현할 수 있는 정의만 바라보니 현실성이 떨어진다.

글라우콘이 주장하는 세 번째 정의는 사실 사회 계약에 따른 정의다. 자연 상태에서 강자가 제멋대로 자기 이익을 챙기고 약자를 해칠 수 있다면, 그리고 그것을 정의라고 한다면 이런 정의는 소수 강자에게만 좋고 대부분의 약자에게는 좋지 않은 효과를 가져온다. 강자뿐만 아니라 절대 다수 약자에게도 좋은 정의라야 말 그대로 '좋은 효과를 낳는 정의'가 될 것이다. 그렇다면 약자 중심으로 사회 계약을 맺어야 한다. 강자나 약자나 각자 이익을 위해 타인을 함부로 해치지 말자는 사회 계약 말이다.

글라우콘은 사회 계약적 정의 개념을 도출하려고 '기게스의 반지(Gygis anulus)' 이야기를 꺼낸다. 리디아 왕이 고용한 목동 기게스는 어느 날 이상한 반지를 얻는다. 지진이 일어나 벌어진 땅속 틈에서 송장 하나가 반지를 끼고 있다. 그 반지를 빼서 기게스는 자기 손가락에 끼고는 리디아 왕이 호출한 회의에 참석한다. 그 회의에서 기게스는 너무 지루하여 반지를 만지작거린다. 반지를 좌우로 돌린 순간 그는 투명 인간이 된다. 기게스는 왕비와 몰래 동침하고, 결국 그녀와 모략을 꾸며 왕을 살해하고 왕국을 차지한다(359d-360b).

글라우콘이 보기에 평소에 정의로운 사람이든 부정한 사람이든 기게스 반지만 끼면 누구든 부정의한 짓을 저지른다. 기게스 반지를 낀 사람은 자기 모습이 남에게 보이지 않아서, 남에게 해를 끼치면서도 남의 제재를 받지 않아도 된다. 제재나 처벌은 받지 않으면서 마음껏 악행을 저지를 수 있으니 누가 그렇게 하지 않겠는가! 그러니 정의롭다는 것은 그 자체로는 좋지 않으며 결과나 효과가 좋아야 좋은 것이다(이것은 매우 공리주의적이다).

정의 그 자체의 좋음은 없다. 정의 그 자체의 좋음이 있다면 기게스 반지를 낀 자가 악행을 마음껏 저지르는 일은 없어야 한다. 하지만 누구나 기게스 반지를 끼고 악행을 저지르면서도 남의 감시에서 벗어나고 처벌받지 않을 수 있다면 악행을 저지른다. 기게스 반지를 낀 인간은 자연 상태에서 최강자라고 할 수 있다. 이 최강자가 다른 인간을 마구 해쳐도 자신은 전혀 복수를 당하지 않을 수 있다면, 그는 결코 정의롭게 행동하지 않을 것이다.

그래서 사회 정의를 세우려면 사회 계약을 맺어야 한다. 자연 상태의 최강자가 공동체 구성원 누구에게든 함부로 해코지를 못하도록 사회 계약을 맺어 두면 그때서야 정의를 세울 수 있다. 글라우콘이 보기에 사회 계약이 전제되지 않은 사회 정의는 불가능하다. 소크라테스는 가장 정의로운 사람도 탐욕 때문에 얼마든지 부정의한 짓을 저지를 수 있다는 점을 간과한다. 정의는 법적 제재에 따른 엄청난 고통과 처벌을 두려워한 기게스 반지를 낀 사람이 자기 스스로 탐욕을 억제할 때만 세울 수 있다.

사람들이 말하기를 본래 불의를 행하는 것은 좋지만, 불의를 당하는 것은 나쁘다. 불의를 당해서 생기는 나쁨이 불의를 행해서 생기는 좋음보다 훨씬 커서, 사람들이 서로 불의를 행하기도 하고 당하기도 하며, 그 둘을 다 겪을 때 불의를 당하는 것은 피하되 불의를 행하는 것을 택하는 것이 불가능한 사람들은 서로에게 불의를 행하거나 당하지 않도록 약정을 맺는 것이 이득이 된다고 생각한다. 이런 연유에서 사람들은 자신들의 약정과 법을 제정하기 시작했으며, 법 지시를 합법적이며 정의롭다고 이름 붙인다. 바로 이것이 정의 기원이자 본질이다. 불의를 행하고서도 처벌을 받지 않는 최선과 불의를 당하고서도 보복을 할 수 없는 최악 사이에 정의가 있다. 정의가 이 양자 사이에 있으면서도 사람들은 정의를 아끼는데, 정의가 좋은 것이어서가 아니라 불의를 저지를 수 없는 허약함으로 존중받는 것이어서 그렇다. 그렇지만 불의를 행할 수 있는 참된 사내는 불의를 행하지도 말고 불의를 당하지도 말자는 약정을 어느 누구와도 맺지 않을 것이다. 그가 약정을 맺는 것은 미친 짓이기 때문이다(『국가』, 358e-359b).

자연 상태에서는 해를 당하지 않고도 해를 끼칠 수 있는 사람, 해를 끼치기도 하고 해를 당하기도 하는 사람, 해를 끼치지도 못하고 오로지 해를 당하기만 하는 사람 등 세 종류가 있다. 이 세 종류 중 대부분은 해를 끼치기도 하고 해를 당하기도 하는 유형에 속한다. 그런데 해를 끼치기도 하고 해를 당하기도 하는 사람은 해를 끼쳤을 때 얻을 수 있는 이득과 해를 당했을 때 겪는 손해를 비교한다. 그러면 해를 당해서 겪는 손해가 해를 끼쳐서 얻는 이득보다 크다는 사실을 알게 된다. 결국 해를 당하지 않고도 남에게 마음껏 해를 끼칠 수 있는 사람만 이득을 본다. 따라서 대부분의 사회적 약자는 서로에게 해를 끼치지 말자는 약정을 맺을 수밖에 없다.

약자들이 자연 상태에서 사회적 계약을 맺는 데는 네 가지 조건이 필요하다. 첫째, 사람들은 욕구를 충족하려고 원하는 것을 획득하고 싶어 하지만 자원은 한정되어 있어서, 한정된 자원을 얻는 양과 잃는 양이 동일한 제로섬 게임(zero-sum game), 심지어는 한정된 자원을 얻는 양보다 잃는 양이 더 많은 네거티브섬 게임(negative-sum game)이 벌어질 수 있다. 둘째, 사람들은 누구나 자기에게 필요하거나 자기가 좋아하는 바를 얻는 과정에서 다른 사람에게 해를 끼치면서도 다른 사람에게서 보복은 당하고 싶어 하지 않는다. 셋째, 사람들은 대체로 평등해서 아무리 강자라 해도 그다지 강하지 않다. 넷째, 사람들은 대체로 합리적(rational)이어서 이해득실을 계산할 줄 안다. 글라우콘이 생각한 사회 계약은 이 네 가지 조건을 충족하는 지점에서 발생한다.

정의는 없다. 다만 공동체 차원에서 사회 계약만 있다. 사회 계약을 맺어 약자가 강자가 저지른 악행을 처벌할 수 있도록 법률을 제정하면 그 법률이 정의를 대신한다. 법률을 제정하지 못하여 강자가 저지른 악행에 속수무책으로 당할 때 또는 기게스 반지를 낀 자에게 속절없이 당할 때, 그들은 악행을 저지르는 자에게 전혀 저항하지 못한다. 하지만 법률을 제정하고 나면 그것은 부정의한 짓이고 마땅히 응징하거나 처벌해야 하는 짓이다. 그래서 사회 계약은 꼭 필요하다. 글라우콘은 홉스, 로크, 루소 같은 근대 사회 계약론자보다 몇 천 년을 앞서서 사회 계약론을 설파했다고 볼 수 있다.

5

플라톤,
소크라테스와 소피스트 운명을 바꾸다

혜지　강 샘, 이제 소피스트 공부를 끝낼 때가 왔네요.

강 샘　그래, 혜지야. 정말 길다면 길고, 짧다면 짧은 시간이었던 것 같아.

혜지　그런데 말이지요. 아직도 풀리지 않는 의문이 있어요.

강 샘　그래! 아직 남은 의문이 뭐지?

혜지　플라톤 있잖아요. 플라톤은 소크라테스만 좋아하고, 다른 소피스트는 극단적으로 싫어한 거 맞죠?

강 샘　허, 그렇게 표현할 수도 있겠지.

혜지　플라톤은 왜 그토록 소피스트들을 싫어했을까요? 소피스트 중에는 친형인 글라우콘도 있었는데 말이지요. 정말 그 점이 이해가 안 돼요.

강 샘　아하, 그 점이 풀리지 않는 의문이었군. 그렇지, 플라톤이 아무 이유 없이 소피스트를 싫어하지는 않았겠지. 플라톤은 소피스트를 싫어한 것에서 그치지 않고 아예 후세 사람들이 소피스트와 소크라테스를 다르게 평가하도록 한 면도 있어.

혜지 아니, 그렇다면 플라톤이 소피스트와 소크라테스 운명까지도 바꾸어 버린 거네요? 높게 평가받아야 할 소피스트들이 궤변론자로 비난받고, 낮게 평가받아야 할 소크라테스가 성인으로 추앙받도록 만든 게 플라톤이라는 말이네요?

강 샘 그렇단다. 소피스트들이 썼을 것으로 짐작되는 책들은 지금 잘 전해지지 않고, 유독 플라톤이 쓴 책만 온전히 전해지고 있거든. 그리고 이 책에서 플라톤은 자기 스승 소크라테스를 성인으로 추앙받도록 일부러 조작하거나 왜곡한 듯한 냄새가 나. 지금까지 네게 말한 소피스트들 이야기도 전부 소피스트들이 쓴 책을 보고 한 것이 아니라 추리와 상상력을 발휘해서 할 수밖에 없었거든.

혜지 이것 또 대형 사건 하나 터지겠는데요. 플라톤은 왜 그렇게 소피스트들을 미워했을까요? 왜 그렇게 소피스트들을 역사 속에 묻어 버리려고 했을까요? 너무너무 궁금하네요.

플라톤은 자신이 쓴 책 전반에서 소피스트와 소크라테스를 등장시켜 둘 사이에서 논쟁을 벌인다. 이런 논쟁은 대체로 소크라테스가 승리하는 것으로 결말을 맺음으로써 플라톤은 노골적으로 소피스트를 비난하고 미워한다. 소피스트의 주장이 더 많은 설득력을 얻을 때도 억지를 써 가며 플라톤은 소크라테스를 승리하게 만든다. 그렇다면 플라톤은 왜 그토록 소피스트를 미워했을까? 소피스트는 원래 고대 성인까지 포함해서 지혜를 가진 자를 의미했으나, 현대에 와서 소피스트는 궤변론자로, 소피스트리는 궤변으로 알려졌다. 플라톤의 노력 덕분인지 모르지만, 소피스트는 얼토당토아니한 말을 해서 사람들을 현혹시키는 자들로 낙인찍혀 버린다.

플라톤

플라톤이 소피스트를 미워한 첫 번째 이유는 그들이 대체로 외국인이라는 점 때문이다. 소피스트들이 아테네인이 아니라는 사실은 아테네 시민들만을 유덕한 존재로 보던 플라톤이 보기에 마땅찮을 수밖에 없다. 아테네에서 소피스트들은 외국인이지만, 그들의 명성은 자기가 속한 폴리스를 넘어 아테네 폴리스까지 퍼진다. 아테네에 도착한 케오스 출신인 프로디코스와 레온티니 출신인 고르기아스는 자신들의 폴리스 이익을 얻으려고 강의와 시범 연설을 해서는 막대한 돈을 벌어 톡톡히 재미를 본다(『대 히피아스』, 282b-c). 히피아스 역시 조국의 이름을 걸고 자신이 몇몇 외교적인 임무를 완수했다고 자랑한다(『대 히피아스』, 281a). 그들은 아테네 폴리스 시민권이 없기 때문에 어떤 정치적인 역할도 수행할 수 없지만, 자신들의 재능을 시민들을 위해 적극적으로 사용하여 웬만한 아테네 시민권자보다 더 존경을 받는다(『티마이오스』, 19e). 이것이 플라톤 입장에서는 납득할 수 없는 점이다.

어찌 보면 외국인, 이방인은 아테네 폴리스에 새로운 문화와 사상을 불어넣는 존재다. 실제로 이들 소피스트는 아테네 출신인 소크라테스나 플라톤과는 다른 철학을 설파한다. 그래서 천편일률적인 아테네 문화에 새로운 문화와 사상을 전해 주고, 아테네 문화에서 다양성을 높인다. 플라톤은 이런 긍정적인 면이 아닌 소피스트가 아테네의 전통적이고 고유한 문화, 사상을 해치는 부정적인 영향을 끼친다고 본다. 아테네 폴리스 마지막 왕의 후손답게 플라톤은 수구적이고 보수적인 입장에서 소피스트를 바라본다.

플라톤이 소피스트를 미워하는 두 번째 이유는 그들이 전문 직업인이라는 사실이다. 소피스트는 공적으로든 사적으로든 아테네 젊은이들에게 보수를 받고 가르침을 베푼다. 처음으로 보수를 요구한 소피스트는 프로타고라스다. 플라톤은 대화편에서 이런 보수를 총 31차례나 언급한다. 이것은 크세노폰(『회상』, I, 6, 13)과 이소크라테스(『소피스트에 반대하여』, §5), 그리고 아리스토텔레스(『소피스트적 논박』, 165a21, cf. 183b36 이하; 『니코마코스 윤리학』, 1164a30)에서도 볼 수 있다.

소피스트의 전문성은 특히 프로타고라스가 두 종류의 학생을 받았다는 사실에서도 잘 드러난다. 한 부류는 훌륭한 가문의 젊은이들로 정치 참여를 희망한 사람들인 반면에, 다른 한 부류는 멘다이오스 사람인 안티모이로스처럼 소피스트가 되기를 바란 사람들이다(『프로타고라스』, 315a). 소크라테스 또는 플라톤이 보기에(『회상』, I, 2, 6: I, 6, 5) 소피스트가 교육을 대가로 돈을 요구한다는 것은 개인 자유를 파괴하는 것으로, 이른바 지적인 매춘 행위다. 철학적 지혜를 깨닫게 하는 일은 신성하고도 숭고한데, 이런 일을 돈을 받고 하다니 용납할 수 없다.

플라톤이 소피스트를 미워하는 세 번째 이유는 그들이 수사술, 즉 연설 기술을 가르친다는 데 있다. 기원전 5세기 아테네 민회에서는 주로 저명한 왕족이나 귀족들이 안건을 제안하고 토론하고 의사 결정을 주도한다. 직접 민주주의라고 하더라도 여전히 왕족, 귀족이 끼치는 영향력은 막강하다. 그런데 여기에 소피스트가 개입하여 평민들에게 연설 기술을 가르쳐서 평민들이 민회를 좌지우지한다. 심지어 가장 중요한 장군을 선출할 때도 평민들이 막강한 영향력을 행사한다. 평민들의 득세를 방조한 소피스트가 플라톤 같은 왕족 입장에서는 미울 수밖에 없다.

아테네 법정에서는 판관의 환심을 사는 연설만 잘한다면 무죄를 유죄로 만들 수도 있고, 유죄를 무죄로 만들 수도 있다. 아테네 시민들은 너도나도 소피스트에게 돈을 지불하고 연설 기술을 연마한다. 그리고 법정에 나가 재판에서 승리를 거둔다. 소피스트들은 담론과 관련된 모든 것, 즉 정확한 용어 사용, 시인들에 대한 주석, 시에 사용한 음악 등을 누구보다 잘 알기에 연설 기술을 훌륭하게 가르칠 수 있다. 플라톤이 보기에 소피스트는 사실상 아테네의 입법, 사법, 행정 전체를 장악했다.

하지만 플라톤이 소피스트를 미워하는 더 심층적인 이유가 있다. 플라톤은 민주주의를 싫어한다. 플라톤의 친할아버지는 아테네 폴리스의 마지막 왕이다. 아버지가 죽고 어머니는 페리클레스의 친구와 재혼한다. 이런 집안 배경을 볼 때 플라톤은 내심 과거의 왕정 체제로 되돌아가기를 원했는지도 모른다. 꼭 왕정 체제가 아니라도 소수 엘리트가 아테네 정치를 바로잡을 수 있다고 생각했는지도 모른다. 그런데 소피스트는 아테네 시민권도 없으면서 아테네 시민을 교육시켜 민주주의를 더욱 확장시킨다.

플라톤은 또한 개인적으로도 소피스트에게 좋지 않은 감정을 가진 것으로 보인다. 자신의 스승인 소크라테스가 독약을 마시고 죽은(기원전 399년) 것에 소피스트들이 간접적인 책임이 있다고 생각한다. 소크라테스를 죽게 한 죄목 중에는 아테네 젊은이들을 타락시켰다는 항목이 있는데, 이 항목은 소크라테스에게 씌울 죄목이 아니라 소피스트들에게 씌울 죄목이라고 생각한다. 즉, 플라톤은 소피스트들이 뒤집어써야 할 죄목을 엉뚱하게 자신의 스승인 소크라테스가 뒤집어쓰고 죽었다고 생각한다.

그런데 당시 아테네인들은 소크라테스와 소피스트를 구별했을까? 사실 아테네인 눈에는 소크라테스도 일종의 소피스트다. 단지 돈을 받고 지식을 팔지 않았을 뿐이지 소피스트와 동일하게 행동을 한다. 그러니까 플라톤이 자신의 스승 소크라테스가 소피스트 죄를 대신 뒤집어 썼다고 억울해하는 것은 잘못이다. 소크라테스는 소피스트로서 죄를 짓고 죽은 것이다. 그런데도 플라톤은 끈질기게 자기 스승 소크라테스를 여타의 소피스트와 구별하려고 집착한다.

마지막으로 플라톤이 소피스트를 미워한 결정적인 이유가 있다. 아니, 미워한 것이 아니라 두려워한다는 표현이 더 적절하다. 프로타고라스를 비롯한 소피스트들의 철학을 아테네 시민들이 받아들인다면 어떻게 될까? 완고한 보수주의자인 플라톤 입장에서는 눈앞이 캄캄해지는 일이다. 그들의 다원주의적이고 상대주의적이며 현실주의적인 철학은 플라톤이 보기에 너무나 무질서하다. 결정적으로 그들의 철학은 너무나 자유롭고 평등하며 민주적이다.

소피스트가 말한 바처럼 이 세상에 진리가 하나가 아니라 무한히 많다면 인간들은 단일한 목적지를 향해 단일한 대오를 이루며 걸어가지 않아도 된다. 단일한 도덕률에 따라 질서가 잡힌 이상 국가를 건설하지 않아도 된다. 폴리스 시민들은 저마다 옳거나 좋다고 믿는 바대로 살면 된다. 국가적인 조정과 통제를 당연시하는 플라톤 입장에서는 소피스트 철학이 전염병이나 정신병이다. 폴리스 시민들 누구나 자유롭고 평등하게 제 목소리를 내며 살아가게 하는 소피스트 철학은 정말 무섭고 끔찍한 사태다.

자연 철학자 피지스 vs 소피스트 노모스

'피지스(physis)'와 '노모스(nomos)' 차이를 아는 것은 자연 철학자와 소피스트 차이, 그리고 소피스트와 소크라테스 차이를 아는 문제와 직결되어 있다. 탈레스를 비롯한 자연 철학자는 '피지스'를 추구하지만, 프로타고라스를 비롯한 소피스트는 '노모스'를 추구한다. 소피스트나 소크라테스는 둘 다 '노모스'를 추구한다고 표방한다. 그러나 실제로는 소피스트만 '노모스'를 추구하고, 소크라테스는 겉으로는 '노모스'인 척하면서 속으로는 '피지스'를 추구한다.

첫째, '피지스'는 '자연'으로 풀이하지만, '노모스'는 '인위'로 풀이한다. '피지스'를 추구하는 고대 최초의 철학자를 '자연 철학자'라고 하는 이유도 바로 여기에 있다. 그들은 우주와 자연의 근원적인 이치가 무엇인지 알고자 한다. 최초의 철학자들 눈에는 인간과 사회를 둘러싼 우주와 자연은 매우 궁금한 대상이다. 힘이 무시무시한 우주와 자연은 인간과 사회를 단번에 살게도 하고, 죽게도 하기 때문이다. 기원전 5세기가 되면 소피스트가 등장하는데, 그들은 우주와 자연의 근원적인 이치따위에는 별로 관심이 없다. 인간과 사회를 어떻게 하면 잘 운영할지가더 중요한 관심거리다.

기원전 7세기 탈레스는 만물의 근원을 물로 본다. 물이 있어야 만물이 생명을 얻고 그 생명을 키워 나간다고 생각했기 때문이다. 아낙시만드로스는 만물의 근원을 '규정할 수 없는 것(아페이론)'이라고 생각한다. 이 세계의 시작에는 이름이 붙지 않은 알 수 없는 것이 있다가 조금씩 이름을 붙이고 나누는 방식으로 만물이 탄생했다고 생각하는 것이다. 그의 제자 아낙시메네스는 만물의 근원을 '공기'라 생각하고, 피타고라스는 '수'라 생각하며, 헤라클레이토스는 '불'이라 생각한다. 이외에도 많은 자연 철학자가 만물의 근원에 저마다 다른 견해를 피력한다.

하지만 소피스트는 이것에 관심이 없다. 지금 당장 가정을 어떻게 건사할지, 정치 집회에 나가 어떤 연설을 해서 대중을 설득할지가 중요한데, 이런 황당한 것에 관심 기울일 마음의 여유가 없다. 연인과 어떻게 사랑을 할지, 친구와 어떻게 우정을 맺을지, 어떤 정치적 견해가 바람직할지 등 지극히 현실적이고 구체적인 문제를 해결하기도 바빠 현실 저너머에 있는 보이지 않는(아델라) 것을 생각할 겨를이 없다.

프로타고라스는 말한다. "신이 있는지 없는지, 그리고 신은 어떤 존재인지 등을 고민하기에는 내 인생이 너무나 짧다." 신의 문제는 평생을 두고 고민해 보았자 답이 나오지 않는다. 그런데 당장 눈앞에 펼쳐지는 현실 문제는 바로 해결하지 않으면 안 된다. 현실 문제를 해결하는 기술과 실천이 급한데, 그것을 연마하지 않고 만물의 근원이나 찾는다면 바람직하게 산다고 할 수 없다. 이런 면에서 소피스트 등장은 서양 철학사에서 혁명적인 사건이라고 하겠다.

둘째, '피지스'와 '노모스'는 본질과 현상이라는 의미로도 대립한다. '피지스'는 우주와 자연의 고정불변하는 질서나 법칙을 의미하고, 노모스는 인간이 만든 가상이나 현상을 의미한다. 그래서 '피지스'를 지향하는 자연 철학자나 소크라테스는 '노모스'를 '피지스'에 종속한 것으로 여긴다. 본질이 있어야 그 본질에서 파생되어 나온 현상이나 가상도 있을 수 있다는 것이다. 하지만 '노모스'만 믿는 소피스트는 고정불변하는 '피지스'를 신뢰하지 않는다. 이 세상에는 변하지 않는 것이 없다. 모든 것은 생성하고 변화한다. 따라서 오직 '노모스'만 있는 것이다.

자연 철학자와 소크라테스 공통점은 바로 이 '피지스'에 있다. 자연 철학자는 우주와 자연의 본질을 찾고자 한다면, 소크라테스는 인간의 본질을 찾고자 한다. 소크라테스가 보기에 인간의 본질은 영혼(프시케)에 있다. 더러운 신체(소마)에 순수한 영혼이 깃들어서 인간 존재가 탄생했으므로 신체에서 영혼을 정화(카타르시스)해야만 인간의 본질에 이른다. 즉, 인간은 영혼을 정화하여 상승시킴으로써 영혼으로서 훌륭함, 탁월함에 이를 수 있다.

그래서 소크라테스가 델포이 신전에 적힌 명언 "네 자신을 알라!"를 인용한 것은 사실 "네 자신의 영혼을 보살피라!"라는 의미를 전하려는 것이다. 네 자신의 영혼을 보살펴서 더러운 신체에서 정화시키고, 영혼의 본질인 훌륭함, 탁월함이 무엇인지 알면 삶 자체도 훌륭하고 탁월하게 될 것이다. 여기에서 지행일치(知行一致)라는 개념도 나온다.

그러나 소피스트는 이런 소크라테스 생각에 전혀 동의하지 않는다. 소피스트가 보기에 우주와 자연이나 인간 존재의 본질이란 것이 따로 있지 않다. 이 세계는 끊임없이 변화하고 생성하는 곳이다. 그 무엇도 고정되거나 불변하는 것은 없다. 따라서 이 세계에는 본질은 없고 가상(假像, 판타지아)이나 현상(現像)만 있다. 프로타고라스가 "같은 바람이 불어도 이 사람에게는 따뜻한 바람이고, 저 사람에게는 차가운 바람이다."라고 한 말은 이런 의미를 잘 드러낸다. 바람의 동일성, 고정불변하는 본질은 없고 사람마다 따뜻한 바람이나 차가운 바람이라는 현상적인 느낌만 있을 뿐이다.

트라시마코스가 "정의는 강자의 이익"이라고 한 것 또한 이런 맥락에서 이해할 수 있다. 소크라테스는 정의의 본질이 있다 믿고 그것을 찾으려 한다. 트라시마코스는 정의의 본질이 있는지 모르겠지만 지금 여기에서 자행되는 것을 보면, 정의는 정치권력을 쥔 자가 자신들의 이익을 챙기면서 말로만 표방하는 것이다. 그래서 이 사람이 정치권력을 쥐면 이것이 정의가 되고, 저 사람이 정치권력을 쥐면 저것이 정의가 된다.

아레테도 소크라테스와 다르게 이해한다. 소피스트들에게는 아레테가 영혼의 본질로서 훌륭함, 탁월함이 아니다. 소피스트 입장에서는 아레테가 일상생활을 잘하는 기술의 훌륭함, 탁월함이거나 정치 집회에 나가서 연설과 설득을 잘하는 실천으로서 훌륭함, 탁월함이다. 추상적이어서 애매모호한 아레테로는 현실의 삶을 잘 살 수 없다. 현실 속에서 직접적으로 활용할 수 있는 실천 기술이 있어야 아레테에 이를 수 있다.

'디케'의 여신, 정의는 나라마다 다르다

'디케(Dikê)'는 정의를 상징하는 여신이다. 헬라어에서 '디카이오쉬네(dikaiosynê)'는 정의를 의미하고, '디케'는 그보다 좁은 의미로 법적 정의를 의미하기도 한다. 유럽의 법원 앞에는 으레 '디케' 여신이 서 있다. 눈은 수건으로 가린 채 왼손에는 천칭을 들고 있고 오른손에는 큰 칼을 들고 있다. 눈을 가린 것은 선입견이나 편견을 가지지 않겠다는 의미다. 왼손에 든 천칭은 공평무사하게 판결을 내리겠다는 의미다. 오른손에 큰 칼을 든 것은 사법 권력이 지닌 권위와 위엄을 나타낸다.

이런 디케 여신을 아스트라이아(Astraîa) 여신과 동일시한다. 아스트라이아는 신들의 왕 제우스와 테미스 여신 사이에서 태어난 딸이다. 아스트라이아 이름은 '별 아가씨'라는 뜻으로도 풀이할 수 있다. 시간 또는 계절 순환을 주재하는 여신에는 질서를 관장하는 에우노미아(Eunomia)와 정의를 관장하는 디케, 평화를 관장하는 에이레네(Eirene) 3명이 있다. 그 중에 1명이 바로 디케이며, 아스트라이아다.

원래는 로마 신화에 나오는 신인데, 거꾸로 그리스 신화에도 등장한 것으로 보인다. 라틴어 이름으로는 '아스트라에아(Astraea)' 또는 '아스트레아'다. 로마 신화에 나오는 정의 여신인 유스티티아(Justitia)와 동일시한다. 유스티티아 여신은 영어의 Justice에 해당하며, 굳이 자세하게 풀이하면 Lady Justice 정도이겠다.

오비디우스가 쓴 『변신 이야기』를 보면, 아주 먼 과거에는 사투르누스가 지상을 통치했다. 그때는 기후가 항상 온난하고, 경작하려고 노력하지 않아도 자연은 인간에게 풍부한 은혜를 베푼다. 인간은 자연이 베푸는 은혜에 만족하여 굳이 문명을 발전시킬 필요성을 느끼지 못한다. 그래서 평화도 유지하는데, 이 시기를 황금시대라고 한다.

시간이 지나자 유피테르는 사투르누스에게서 정권을 빼앗아 이제 백은 시대로 바뀐다. 이 세계에는 네 계절의 변화가 생기고 만다. 변화와 생성이 일어난 것이다. 인간은 더 이상 자연이 주는 무한한 혜택을 맛볼 수 없다. 양식을 충분히 얻으려면 경작을 해야 하고, 여름의 뜨거움과 겨울의 추위를 적절히 막으려면 집을 지어서 살 수밖에 없다.

그다음 시대는 청동기 시대다. 이제 인간은 마침내 무기까지 손에 넣는다. 인류 공동체는 깨지고 서로의 이익을 위해 언제든지 다른 인간과 싸우거나 죽이는 지경에 이른다. 이 과정에서 인간 사이에 계급적 차별성도 발생한다. 힘센 자는 더 높은 계급이 되고, 힘이 약한 자는 더 낮은 계급이 된다.

마지막으로 인간에게 철기 시대가 찾아온다. 이제 지상에는 온갖 악이 들끓는다. 철이나 금 등 지하자원을 손에 넣은 인류는 문명이나 경제를 발달시킨다. 소유 욕구에 휘말려 남보다 더 많이 가지려고 기를 쓰고 덤빈다. 더불어 땅에 사적인 소유 개념이 생기고, 자신들의 거주 지역 바깥에 원정을 가서 다른 종족한테서 더 많은 것을 빼앗아 오기도 한다.

이런 인간의 타락을 보고도 아스트라이아는 인간에게 기대를 버리지 않는다. 그래서 다른 신이 모두 지상을 떠나 하늘로 올라가는데도, 끝까지 지상에 남아 인간에게 정의를 호소한다. 하지만 아스트라이아의 호소는 돌아보지도 않고, 인간은 자신의 욕망대로 살육을 저질러서 지상을 피로 물들인다. 아스트라이아는 어쩔 수 없이 하늘로 올라가 빛나는 별이 된다. 그래서 그녀를 '별 아가씨'라고도 하는데, 그녀의 별자리를 처녀자리 또는 천칭자리라고 이름 붙인다.

이런 디케 여신이 한국의 법원 앞에서는 좀 다르게 표현된다. 왼손에 천칭을 들고 있는 것은 유럽의 디케와 같으나, 눈을 가리지도 칼을 들지도 서 있지도 않다. 한국의 '디케 여신'은 두 눈을 버젓이 뜨고 칼 대신 법전을 들고 있으며 앉아 있다. 두 눈을 버젓이 떴다는 것은 법관이지만 선입견이나 편견을 가질 수밖에 없다고 해석할 수 있고, 법전을 오른손에 들고 있다는 것은 법전에 기록되는 법 내용이 바뀔 때마다 사법부 권위는 이동할 수 있다는 의미다. 서 있지 않고 앉아 있다는 것은 법관이라는 높은 사회적 지위를 차지하는 것이 중요하지 사회 정의 실천이나 노력은 별로 중요하지 않다는 의미로 읽을 수 있다.

한국 법원 앞의 '디케'가 잘 보여 주듯 사실 정의(justice)는 고정불변의 의미로 정의(definition) 내릴 수 없다. 정의를 실현한다는 법전의 법을 시대 변화에 맞추어 끊임없이 새롭게 제정하고 있기 때문이다. 어제까지만 해도 정의롭다고 인정한 일을 오늘은 정의롭지 못한 짓으로 규정하여 처벌한다. 그렇다면 정의는 없다. '디케' 여신은 인간 세상을 떠나 저 먼 하늘의 별이 된 지 오래다.

다만 인간 세상에는 사회 계약만 있을 뿐이다. 이제까지는 이런 행동이 정의에 어긋난다고 보지 않았는데, 지금은 너무나 많은 사람에게 피해를 주니 이런 행동을 정의롭지 못한 죄악으로 규정하자는 사회적인 합의만 있는 것이다. 정의의 본질이 있다고 믿는 소크라테스 태도로는 현대 사회의 변화무쌍한 상황을 제대로 해결할 수 없다. 소피스트처럼 사회 계약적 관점과 태도로 사회 정의 문제에 접근해야만 효과적으로 문제점을 해결할 수 있다.

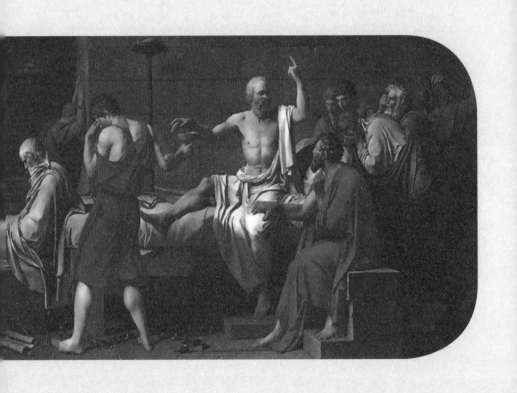

3부

소크라테스 찬양 클럽

vs

소크라테스 양아치 클럽

1

"인간은 태생적으로 훌륭한 존재로 태어난다"
: 계급 차별을 정당화하다

강 샘 혜지야, 이젠 소크라테스를 공부해 볼까?

혜지 네, 좋아요. 그런데 소크라테스는 왠지 부정적인 평가가 많을 것 같네요.

강 샘 하하, 맞아. 우리가 교과서에서 배운 소크라테스는 성인이고, 또 자신의 철학적 신념을 굽히지 않으려고 기꺼이 독배도 마신 사람으로 알고 있지만 오늘 우리가 알아 갈 소크라테스는 그것과 달라.

혜지 아니, 교과서 속 소크라테스와 진짜 소크라테스가 그렇게 다른가요?

강 샘 그러게 말이다. 진짜 소크라테스라고 하기에는 좀 과장된 것 같고……. 우리가 추리·상상력을 발휘해서 알아본 소크라테스는 확실히 교과서 속 소크라테스와는 다르지.

혜지 어떻게 다른가요? 뭐가 그렇게 다른데요? 강 샘!

강 샘 헐, 혜지가 조바심이 나는가 보네. 그럼 먼저 소크라테스의 인간 관부터 알아볼까?

혜지 네, 그래요. 소크라테스의 인간관은 어떤가요?

강 샘 소크라테스는 인간을 기능적인 관점에서 바라본다.

혜지 기능적 관점이라고요? 그럼, '이 인간은 이런 기능과 역할을 하 니 좋은 인간이고, 저 인간은 저런 기능과 역할을 하니 나쁜 인간 이야' 이렇게 본다는 말씀이세요?

강 샘 호오, 그렇지. 역시 혜지는 하나를 가르쳐 주면 둘을 아는군. 소크 라테스는 구두를 만드는 제화공이 구두 만드는 기술과 구두 기능 을 잘 알면 훌륭한 제화공이 되는 것처럼 인간도 인간 본래의 기 능을 잘 알고 그것을 실천하면 훌륭한 인간이라고 생각해.

혜지 아하, 인간의 기능을 잘 알고 실천하면 훌륭한 인간이란 말이네 요. 그런데 인간의 기능이 뭐예요?

강 샘 인간의 기능은 그 인간을 가장 인간답게 하는 것이겠지. 그래야 훌륭한 인간이 될 수 있으니…….

혜지 그럼, 가장 인간다운 인간은 뭔데요?

강 샘 혜지 질문이 꼬리에 꼬리를 무는구나. 허허!

소크라테스

    자연 철학자와 소크라테스는 어떻게 다를까? 대부분의 자연 철학자는 존재하는 사물들이 '무엇으로' 이루어졌는지에 관심을 둔다. 만물이 물로 이루어졌는지, 불로 이루어졌는지, 4원소로 이루어졌는지 등에 관심을 둔다. 소크라테스는 기능적 훌륭함에 관심을 둔다. 말 중에서 가장 기능적으로 훌륭해서 가장 말다운 말은 어떤 것인지, 인간 중에서 가장 기능적으로 훌륭해서 가장 인간다운 인간은 누구인지 등에 관심을 둔다.

    소크라테스는 "[인간이 지닌 기능적] 훌륭함(아레테)은 앎(epistêmê: 에피스테메)이다."라고 말한다. 여기서 훌륭함이란 흔히 '[인간이 지닌] 덕'으로 번역할 수 있다. 인간뿐만 아니라 모든 사물은 그 종류에 따른 '훌륭한 상태', 즉 '좋은 상태'에 도달하면 '아레테'를 얻을 수 있다. 인간이 그 사물의 '아레테'를 얻으면 그것을 기능적으로 훌륭하게 다룰 수 있는데, 그 사물을 기능적으로 훌륭하게 다루려면 그것을 완벽하게 알아야 한다. 소크라테스가 "아레테는 앎"이라고 말한 뜻이 여기에 있다.

소크라테스는 "무슨 일을 하려면 그 일을 완벽하게 알아야 그 일을 기능적으로 훌륭하게 수행할 수 있다."라고 말한다. 그 일을 잘 알아서 훌륭하게 수행하면 그 사람은 그 분야의 가장 －다운 존재가 된다. 정치를 잘 알아서 정치 활동을 훌륭하게 수행하면 가장 정치가다운 정치가가 되고, 스포츠를 잘 알아서 스포츠 경기를 훌륭하게 치르면 가장 스포츠 선수다운 스포츠 선수가 되는 것이다.

여기서 가장 핵심은 기능(에르곤: 기능, 일, 할 일, 구실, 활동)이다. 대상의 '기능'을 잘 알면 훌륭하게 수행할 수 있기 때문이다. 인간이 인간으로서 기능을 잘 알면 훌륭한 인간이 될 수 있다. 인간으로서 기능을 훌륭하게 수행하는 인간은 가장 인간다운 인간이고, 가장 훌륭한 인간이고, 또한 가장 아름다운 인간이다. 인간의 기능을 잘 안다는 것은 '진(眞)'에 해당하고, 가장 훌륭한 미덕을 갖춘다는 것은 '선(善)'에 해당하며, 가장 아름답다는 것은 '미(美)'에 해당한다. 그러므로 기능적 훌륭함은 진선미를 모두 갖추는 것이다.

소크라테스가 보기에 인간 존재의 아름다운 상태는 신체가 제 기능을 최대한 잘 발휘하는 것이다. 눈이 제 기능을 다하여 잘 볼 수 있으면 훌륭하고 아름다운 눈이고, 코가 제 기능을 다하여 냄새를 잘 맡을 수 있으면 훌륭하고 아름다운 코이며, 귀나 입이나 손발도 마찬가지다. 훌륭하고 아름다운 사람, 좋은 사람은 제각각 기능을 원활하게 잘 수행하는 사람이다.

'아레테'의 반대어는 '카키아(kakia)'다. '카키아'는 '나쁜 상태'다. 물론 여기서 '나쁜 상태'란 모든 종류의 기능과 관련한 나쁨이다. 나쁜 눈이란 나쁜 시력 상태를 의미하며, 나쁜 코란 나쁜 후각 능력 상태를 의미한다. 게다가 '나쁜 상태'란 사람의 도덕성이 문제 있을 때를 의미하기도 하고, 사람이 사람 구실을 제대로 못할 때를 의미하기도 한다. 신통치 않은 농부가 농사를 제대로 짓지 못할 때, 신통치 않은 어부가 물고기를 제대로 잡지 못할 때, 신통치 않은 전사가 전투를 제대로 수행하지 못할 때 등도 바로 '카키아'다.

소크라테스는 훌륭한 제화공을 예로 들어 이 모든 점을 설명한다. 제화공이 '아레테'를 갖춘다는 것은 구두를 잘 알고, 구두를 잘 만들 줄 아는 것이다. '카키아'로서 제화공은 구두도 잘 모르고, 구두도 잘 만들 줄 모르는 것이다. 따라서 제화공이 구두를 잘 만들려면 먼저 구두 기능이 무엇인지를 잘 알아야 하므로, 제화공의 '아레테'는 구두 기능에 대한 '앎'과 그것을 잘 만들 줄 아는 '앎'을 가진 상태를 의미한다.

이런 논리를 인간에게로 확장할 수 있다. 인간 중에는 훌륭한 인간도 있고 훌륭하지 못한 인간도 있다. 훌륭한 인간은 인간으로서 본질적인 기능이 무엇인지 잘 알아서 그 기능을 잘 발휘한다. 훌륭하지 못한 인간은 인간 자신의 본질적 기능을 잘 알지 못한다. 무엇이 인간다움인지 잘 알지 못해서 인간답게 살지도 못한다.

그런데 과연 소크라테스의 논의를 아무런 의심 없이 받아들여도 될까? 현실 속에서도 소크라테스 말대로 훌륭한 인간과 훌륭하지 못한 인간으로 나누어서 분류하는 것이 가능할까? 도대체 누구를 훌륭하다고 평가하고 또 누구를 훌륭하지 않다고 평가한단 말인가? 그리고 그 인간이 훌륭하다면 인간으로서 본질적인 기능을 잘 알고 그 기능을 잘 수행한다는 것인데, 현실 속에 있는 누가 그렇게 할 수 있단 말인가?

이런저런 인간을 두고 훌륭하다든가 훌륭하지 않다든가 평가를 하려면 제3의 위치에서 그렇게 평가할 수 있는 존재가 있어야 한다. 그 평가자는 분명히 인간이어서는 안 된다. 그 평가자는 신적인 존재일 수밖에 없다. 같은 인간이라면 인간적 한계 때문에 다른 인간이 훌륭한지 아닌지 평가할 수 없기 때문이다. 이런 제약 조건을 생각하면 소크라테스의 '아레테'란 개념은 너무나 막연하다고 할 수밖에 없다.

또 훌륭한 제화공이 구두를 잘 알고 실제로 구두도 잘 만드는 것과, 훌륭한 인간이 인간다움의 본질적 기능을 잘 알고 그 인간다움을 잘 실천하는 것은 유추 관계가 성립하지 않는다. 구두 만드는 일은 지극히 한정된 분야이지만, 훌륭한 인간, 인간다운 인간이라는 개념은 너무나 포괄적이어서 한정할 수 없기 때문이다. 이에 더하여 훌륭한 인간다움이라는 개념은 지극히 애매하고 모호해서 사람마다 너무나 다양하게 정의할 것이기 때문이다.

그리고 인간을 두고 기능적 관점에서 훌륭함을 탐색하겠다는 소크라테스 의도는 미심쩍은 데가 있다. 기능이라는 개념은 전체에 속한 부분이 그 전체를 위해 얼마나 잘 작동하느냐를 따지는 것이기 때문이다. 인간을 기능적 관점에서 보자면 결국 국가 사회 전체 속에서 그 인간은 어떤 기능과 역할을 맡았으며, 그 기능과 역할을 잘 수행하는지 따지는 것이다. 학자는 지적 능력이 탁월해서 국가가 원하는 연구 프로젝트를 잘 수행해야 인간답다고 말할 것이고, 스포츠맨은 해당 스포츠를 잘하는 신체적 능력을 갖추어서 국위를 선양할 수 있어야 훌륭한 인간이라고 말할 것이며, 군인은 총을 잘 쏘아서 적군을 잘 죽이고 정권 유지에 도움이 되어야 탁월한, 본질적인 기능을 가진 인간이라고 생각할 것이기 때문이다.

특정 분야에만 한정하여 훌륭한 인간과 훌륭하지 못한 인간으로 나눈다고 하더라도 문제는 여전히 사라지지 않는다. 축구 선수 중에 어떤 포지션에 있어야 훌륭한 선수가 될까? 똑같은 공격수 포지션을 맡은 선수 중에 어느 선수가 축구 선수로서 기능을 잘 알고 잘 수행한다고 할 수 있을까? 단지 골만 잘 넣는다고 그 선수를 훌륭한 선수라고 할 수 있을까? 골은 잘 넣는데 다른 선수들과 대인 관계가 좋지 않아 팀워크를 깨뜨린다면 그 선수를 훌륭한 축구 선수라고 할 수 있을까? 결과는 좋지 않지만 경기에 임하는 마음가짐이나 태도가 훌륭한 선수는 훌륭한 선수가 될 수 없나? 게다가 이런 평가를 하는 주체를 누구로 설정할 것인가? 그는 다른 모든 사람을 설득할 수 있는 객관적 기준을 제시할 수 있나? 결정적으로 축구 경기를 좀 지면 어떤가? 반드시 이겨야 하고 이기는 데 꼭 공로를 세워야 하나? 이런 선수만이 훌륭한 선수인가?

사정이 이런데도 소크라테스처럼 인간의 훌륭한 기능, 본질적인 탁월함 등을 고집한다면 또 다른 문제를 낳는다. 결국 인간 중에는 국가 사회적으로 평가했을 때 기능적으로 훌륭한 인간과 훌륭하지 못한 인간이 따로 있다는 말이 되기 때문이다. 인간은 이제 자유롭고 평등한 존재가 아니다. 태어나기 전부터 훌륭하고 높은 인간은 정해져 있다. 인간은 그 정해진 훌륭함을 깨달아서 아는 것이 중요하다. 인간은 스스로를 성찰하여 자신의 기능적 훌륭함이 무엇인지 깨달아야 한다. 그렇다면 자신의 기능적 훌륭함을 깨닫는 인간도 있고, 그렇지 못한 인간도 있어서 계급적으로 나뉜다. 소크라테스의 이런 인간관을 받아들일 사람은 과연 몇이나 될까? 받아들이는 여부를 떠나서 소크라테스의 이런 인간관은 바람직한가?

2

"네 영혼을 돌보라!"
: 신체를 혐오하는 논리로 악용하다

강 샘 혜지야. 지난번에 소크라테스의 인간관을 이야기했는데 기억나지?

혜지 네, 강 샘. 소크라테스는 기능적 관점에서 인간을 바라보았잖아요.

강 샘 그래, 맞아. 소크라테스는 인간이 인간으로서 기능을 잘할 수 있어야 인간다운 인간이라 생각했고, 또 이런 인간을 훌륭한 인간이라고 불렀어.

혜지 그런데 왜요? 그것이 무슨 문제가 있나요?

강 샘 음, 좀 문제가 있기는 하지. 인간이 기능적으로 훌륭하려면 먼저 자신의 훌륭함을 알아야 한다고 했는데, 자신의 훌륭함을 안다는 것은 인간 영혼의 훌륭함을 안다는 의미거든.

혜지 영혼의 훌륭함이라고요? 그렇다면 소크라테스는 인간을 신체와 영혼이 결합된 존재로 보는 거네요?

강 샘 그렇단다. 신체에 영혼이 깃들어서 인간 존재가 탄생한다고 보는 거지. 그런데 소크라테스는 그 둘 중에 영혼이 인간 존재를 대표한다고 보지. 신체는 영혼이 깃드는 물질 덩어리 정도로 봐. 그래서 신체는 인간 존재 그 자체라고 할 수 없다는 게 소크라테스 생각이야.

혜지 아, 소크라테스는 신체를 경멸하거나 혐오하는 경향이 있었군요.

강 샘 그러게 말이다. 현대에 소크라테스가 있었다면 아마 엄청난 비난을 받지 않았을까. 현대인에게는 외모의 아름다움, 건강함 등이 무척 중요한데, 소크라테스는 외모나 신체를 중요하게 생각하지 않으니……. 게다가 신체는 영혼만 깃들어 있다 뿐이지 인간 그 자체라고는 할 수 없다고 했으니 좀 편협한 철학이지 않나 하는 생각이 들어.

혜지 소크라테스는 왜 그렇게 신체를 혐오했지요? 신체야말로 확연히 눈에 보이는 것이고, 사실 영혼은 눈으로 확인할 수 없기 때문에 있는지 없는지 좀 의문이 드는데 말이에요.

강 샘 내가 하고 싶은 말이다. 이런 편협함이 소크라테스 자신의 생각인지, 아니면 소크라테스를 등장시켜 대화편을 쓴 플라톤의 생각인지는 알 수 없으니 더욱 답답할 노릇이지.

혜지 그렇더라도 강 샘이 뭔가 실마리를 잡으셨으니 절 부르셨겠죠? 히히!

소크라테스는 인간이 인간으로서 제 기능을 잘할 수 있어야 훌륭한 인간이 될 수 있다고 말한다. 그리고 인간이 인간으로서 제 기능을 잘하려면 인간으로서 제 기능이 무엇인지, 제 기능을 어떻게 해야 하는지 잘 알아야 한다고도 말한다. 인간이 인간 자신을 잘 알아야 기능적으로 훌륭한 인간 구실도 하고, 아름다운 인간도 된다는 말이다.

소크라테스는 델피의 아폴론 신전에 새겨진 "너 자신을 알라."라는 헬라스 잠언을 자주 인용한다. 그러니까 이 말은 소크라테스가 최초로 한 말이 아니다. 이미 고대 아테네에서 널리 회자하던 말이다. 그리고 델포이 신전에도 새겨져 있던 말이다.

이 말은 인간인 네가 네 자신의 기능적인 훌륭함이 무엇인지를 알아야 그렇게 행동하며 살 수 있고, 훌륭한 인간이 될 수도 있다는 의미다. 소크라테스가 이 말을 자주 인용한 것은 인간의 훌륭함을 기능적 관점에서 이해하는 자신의 철학에 부합하기 때문이다. 그런데 이 말은 다시 인간 존재에 대한 이원론으로 이어진다.

"자기 자신을 알 것을 지시하는 사람은 우리에게 혼을 알라고 타이르고 있다네. […] 적어도 우리 자신을 주도하는 것으로서 혼보다 더한 것은 아무것도 없다고 어쩌면 우리는 말할 걸세. […] 나와 자네가 서로 대화를 나누고 있는 것은 언어를 이용해서 혼을 상대로 혼으로 하는 것이라 믿는 것이 옳을 걸세. […] 소크라테스가 언어를 이용해서 알키비아데스와 대화하는 것은 자네의 얼굴을 상대로 하는 것이 아니라, 알키비아데스를 상

대로 말을 하고 있는 것이지. 그런데 이 [알키비아데스]는 혼이야."(『알키비
아데스 Ⅰ』, 129a-132c)

소크라테스는 인간 존재를 이원론으로 이해한다. 인간은 육체에 영
혼이 깃든 존재다. 그리고 육체와 영혼 중 그 인간 존재를 대표하는 것은
영혼이다. 내가 다른 인간과 마주보고 대화하는 것은 내 영혼이 그 인간
의 영혼과 마주보고 대화하는 것이다. 따라서 소크라테스는 훌륭한 인
간은 자신의 영혼이 지닌 기능적 훌륭함을 아는 인간이고, 그것을 알면
그 인간은 자기 영혼의 훌륭함을 발휘하며 살아서 훌륭한 인간, 아름다
운 영혼을 가진 인간이 된다고 말한다.

소크라테스가 "너 자신을 알라."라는 말을 자주 인용한 것은 사
실 "네 영혼을 돌보라."라는 의미를 표현하기 위해서다. 인간 존재 그
자체라고 할 수 있는 것은 신체가 아니라 영혼이다. 내가 다른 누구와 대
화를 하는 것은 '내' 영혼이 다른 누구의 영혼과 마주보고 대화하는 것
이다. 신체 기관인 입으로 대화를 하는 것 같지만 언어는 영혼에서 나오
기 때문에 영혼끼리 대화하는 것이다. 그러므로 나 자신을 잘 안다는 것
은 내 영혼을 잘 아는 것이다.

『소크라테스의 변명』에는 이런 구절이 있다. 그는 법정에 서서도 아
테네인들을 향해 각자의 "혼이 최대한 훌륭하게 되도록 혼을 보살피
라."(30b)라고 당부한다. 나아가 "각자 자신이 최대한으로 훌륭해지고 지
혜로워지도록 자기 자신을 돌보는 것을 최우선으로 하되, 자기 자신의

다른 면을 우선으로 해서는 안 된다. 이런 맥락에서 폴리스 자체를 돌보는 것을 최우선으로 하되, 폴리스 안 그 밖의 일을 우선으로 해서는 안 된다. 다른 일도 마찬가지다."(36c-d)라고 설득한다.

영혼이 제 기능을 다해 훌륭해지고 지혜로워지면서 인간은 훌륭함에 도달한다. 그런데 영혼이 제 기능을 다한다는 것은 이성(理性)이 잘 작동하는 상태다. 인간 영혼의 핵심적인 능력이 이성적 사고 능력이니까 말이다. 따라서 인간의 인간다움은 인간의 신체에 있는 것이 아니라 인간의 영혼에 있다. 영혼 중에서도 이성적 사고 능력을 잘 발휘해야 한다. 그래야만 인간다운 인간, 훌륭한 인간이 된다.

소크라테스는 아테네 시민들이 저마다 제 영혼을 잘 돌보아서 이성적 사유 능력을 제대로 발휘하고, 지혜로운 존재가 되기를 바란다. 아테네 시민 각자가 영혼으로서 훌륭함, 이성적 사유 능력으로서 지혜를 갖춘다면, 이런 아테네 시민이 모인 아테네 폴리스는 저절로 훌륭한 폴리스가 된다고 믿는다. 그래서 소크라테스는 자신의 죄를 심판하는 법정에서조차 아테네 시민에게 제 영혼을 돌볼 것을 당부한다.

소크라테스가 보기에 인간이면 누구나 자신의 영혼, 이성적 사유 능력이 탁월해지도록 돌보아야지, 신체 능력에 집착해서는 안 된다. 실제로 소크라테스 외모는 평균 이하였다. 아니, 기괴하고 망측하게 생겼다고 해야 한다. 뚱뚱하고 키도 작으며 눈은 복어처럼 튀어나왔고, 들창코에다 귀는 짜부라지고 입은 지나치게 크다. 어떤 사람은 마치 주신(酒神) 실레노스 같다고도 표현한다. 그뿐만이 아니다. 사시사철 웃통은 벗고 아랫도리만 입은 채 광장에 퍼질러 앉아 있다. 삼시 세끼를 챙겨 먹는 일도 없다. 아무것도 먹지 않다가 배가 고프면 그때서야 밥을 먹는다. 그런데도 소크라테스 자신은 이런 자신의 외양에 전혀 신경 쓰지 않는다. 소크라테스는 신체의 그럴듯함보다는 영혼의 훌륭함, 이성적 사유 능력의 탁월함을 돌보는 것이 무엇보다 중요하다고 생각하기 때문이다.

소크라테스가 이성적 사유 능력을 돌보아야 한다고 말한 것은 어떤 뜻일까? 그가 보기에 인간을 인간답게 하는 이성적 사유 능력이란 무엇보다 언어를 잘 사용할 줄 아는 능력이다. 한 인간의 탁월한 이성적 사유 능력은 그 인간이 말하는 바로 드러나기 때문이다. 그 사람이 지혜롭다면 광장에 나와서 연설을 하고 청중의 마음을 움직일 수 있을 것이기 때문이다. 이 점은 고대 아테네에서 로고스가 이성적 사유 능력과 언어 모두를 뜻한다는 것에서 잘 알 수 있다. 따라서 소크라테스는 훌륭한 인간은 훌륭한 영혼을 지닌 존재이자 탁월한 이성적 사유 능력을 발휘할 줄 아는 존재인데, 탁월한 이성적 사유 능력은 그 인간의 말에서 드러난다고 본다.

크세노폰의 『향연』에서 소크라테스는 대화 상대자인 크리토빌로스에게 이렇게 묻는다. 아름다움을 매우 다양한 사물(인간, 말, 황소, 방패, 칼, 창 등)에서 발견할 수 있는데, "이 모든 사물이 서로 완전히 다름에도 어떻게 모두가 아름답다고 할 수 있을까?" 개별 존재는 저마다 아름다움의 기준에 따라 아름다운데도 이 모든 것이 아름다움에 속하는 것을 보면, 개별적 아름다움을 초월하는 보편적 아름다움이 있지 않겠느냐는 것이다.

소크라테스는 "이성적 사유 능력=언어"라고 생각한다. 개별적 아름다움을 넘어 보편적 '아름다움'으로서 언어적 개념을 정의할 수 있다면 '아름다움' 그 자체를 아는 것으로 본다. '아름다움' 그 자체를 안다는 것은 이성적 사유 능력을 탁월하게 발휘한 상태에 도달하는 것이다. 그러니까 보편적 '아름다움'에 대한 언어적 개념 정의는 '아름다움' 그 자체도 아는 것이며, 영혼의 탁월한 이성 능력에도 도달하는 것이다.

그러나 이런 소크라테스의 견해는 문제점을 내포한다. 영혼으로서 인간, 이성적 사유 능력으로서 인간만이 인간다운 인간이고, 육체로서 인간은 인간다운 인간은 아닌 것이 되어 버리기 때문이다. 현대의 노동하는 많은 인간이나 육체적 아름다움을 뽐내는 인간 입장에서는 기분 나쁜 생각이다. 많은 팬에게서 영웅 대접을 받는 스포츠 스타 입장에서도 소크라테스가 보이는 견해는 불만이다.

또 소크라테스의 견해대로라면 탁월한 이성적 사유 능력을 가지거나 말 잘하는 사람만 인간다운 인간이다. 직업적으로 매우 한정된 몇몇 사람만 인간다운 인간인 셈이다. 현대로 말한다면, 변호사나 방송국 아나운서나 연설을 잘하는 정치가 등만 훌륭한 인간, 인간다운 인간이다. 이외의 인간들은 인간이지만 인간답지 못한 존재다. 외모가 잘생긴 아이돌 등은 인간답지 못한 존재다.

말을 잘 못한다고 하더라도 훌륭한 성품을 갖추어서 다른 사람에게 존경을 받는 사람은 얼마든지 있다. 그 사람은 이상적인 인간상으로 추앙받기도 한다. 하지만 소크라테스 관점에서 볼 때 그 사람은 훌륭한 인간이라고 할 수 없다.

마지막으로 한 가지 더, '아름다움'은 지극히 주관적이고 개별적이며 상대적인데, 모든 인간이 수긍할 만한 보편적 정의를 어떻게 내릴 수 있을까? 이 사람에게 아름다운 것이 저 사람에게는 추하고, 과거에 아름답던 것이 현재에는 추할 수 있다. 어쩌면 아름다움과 추함을 가를 수 있는 경계가 없는지도 모른다. 소크라테스는 추함과 구별되는 아름다움이 분명히 있다고 믿지만 말이다.

보편적으로 '아름다움'을 정의하기가 불가능하다면 이성적 사유 능력의 탁월한 상태라는 것도 없다. 보편적 정의를 내리는 능력이 이성적 사유 능력이라고 소크라테스가 규정짓고 있기 때문이다. 소크라테스는 무슨 허깨비를 본 것일까?

3

"네 자신이 모른다는 것을 알라!"
: 소크라테스 스스로 성인(聖人) 반열에 오르다

혜지　강 샘, 안녕하세요. 오늘은 소크라테스 철학에서 무엇을 가르쳐
　　　주실 건가요?

강 샘　그래, 혜지야. 우리가 소크라테스를 잘 안다고 생각하지만 실제로
　　　는 참 모르는 바가 많지?

혜지　네, 그런 것 같아요. 소크라테스가 인류사에 남을 성인이라는 것
　　　정도만 알고 있었는데, 막상 강 샘과 이야기를 나누다 보니 좀 불
　　　량한 사람 같아요.

강 샘　하하, 불량한 사람이라……. 혜지가 소크라테스에게 실망이 큰가
　　　보구나.

혜지　그래요. 저는 소크라테스가 좋은 사람, 훌륭한 사람인 줄 알았거
　　　든요. 그런데 알고 보니 소크라테스는 인간의 훌륭함을 말하기는

하지만, 그 '인간의 훌륭함'으로 사람들을 차별하느라 바쁜 것 같아요.

강 샘 오, 혜지의 비판이 아주 날카로운데. 안타깝게도 나도 혜지 네 말에 동의할 수밖에 없구나. 지난번에 우리가 공부한 소크라테스가 한 "네 영혼을 돌보라!"라는 것도 결국 인간의 신체와 영혼을 차별적으로 놓고 한 말이야.

혜지 그래서 소크라테스에게 좀 실망스러워요. 하지만 실망스럽다고 해서 소크라테스를 공부하는 것을 포기하지는 않을래요. 실망스러울수록 그동안 몰랐던 소크라테스를 샅샅이 알아야겠다는 오기가 생기는 걸요.

강 샘 그래, 그거 다행이네. 그럼 지난번 이야기에 이어서 소크라테스를 좀 더 알아볼까?

혜지 지난번 이야기가 끝이 아니었어요? 와, 소크라테스는 이 이야기가 저 이야기로 이어지는군요.

강 샘 그렇단다. "네 자신을 알라!"라는 델포이 신전 문구가 "네 영혼을 돌보라!"로 이어지고, 이것은 또 "네 자신이 모른다는 것을 알라!"라는 역설로 이어진단다.

혜지 "네 자신이 모른다는 것을 알라!"라고요? 헐, 이건 또 무슨 말인가요?

소크라테스는 글을 남기지 않는다. 그는 평생 사람들과 대화하면서 시간을 보낸다. 따라서 그의 인격이나 이론에서 현대인이 아는 것은 주로 플라톤의 대화편과 크세노폰이 쓴 『회고록』에 근거한다. 그는 모든 시간을 길거리와 시장, 특히 김나시온(고대 그리스 단련장)에서 보낸다. 그는 전도유망한 귀족 청년들 모임에도 종종 참여해서 '정치가 · 시인 · 예술가의 본분, 옳음과 그름에 대한 생각, 관심거리' 등 다양한 주제로 대화를 나눈다.

소크라테스가 그들을 찾아가서 이렇게 대화를 나누는 것은 자신을 아테네에서 가장 현명한 사람이라고 선언한 바를 검증하기 위해서다. 아폴론의 델포이 신전은 이런 신탁을 내린다. "아테네에서 소크라테스보다 지혜로운 사람은 없다." 소크라테스는 그 신탁을 믿지 않으므로 아테네 안에서 지혜롭다고 알려진 사람들을 찾아가서 그들과 대화를 나누어 보고자 한다. 그들과 대화하다 보면 자신이 가장 지혜로운지, 아니면 자신보다 더 지혜로운 사람이 있는지 알 수 있기 때문이다.

마침내 소크라테스는 델포이가 왜 그런 신탁을 내렸는지 깨닫는다. 그가 보기에 자신은 무지하다는 것을 아는데, 아테네 안에서 자칭 지혜롭다고 떠드는 자들은 자신이 무지하다는 것을 모른다. 그들은 자신이 아주 지혜롭다고 자만하거나 자화자찬하기 바쁘다. 소크라테스 입장에서는 먼저 자신이 무지하다는 것을 알아야 그것을 바탕으로 진정한 앎에 이를 수 있는데 말이다.

소크라테스는 자신이 무지하다는 것을 깨달아 알고 있으므로, 자신의 무지를 모르는 다른 사람과 비교했을 때 더 현명하고 지혜롭다는 논리다. 이것은 대단한 역설이다. 소크라테스 말대로라면 자신이 무지하다는 것을 알고 있어야만 지혜로울 수 있다는 결론에 도달하기 때문이다. 자신이 무지하다는 것을 알아야 가장 지혜로운 자가 될 수 있다는 이런 역설적인 논리에 도달할 수 있는 사람이 과연 몇이나 될까?

어쨌든 이때부터 소크라테스는 자신에게 부여된 사명을 다하려고 노력한다. 자신이 무지하다는 것을 깨닫지 못하고 거들먹거리는 자들을 응징하는 것이다. 그들과 대화를 나누어 스스로 자신의 무지함을 깨닫도록 하는 것이다. 이 또한 "아테네 안에서 소크라테스보다 더 지혜로운 사람은 없다."라는 델포이 신탁을 증명하는 일이다. 소크라테스는 아테네 시민들이 스스로 무지를 깨닫고 영혼의 선을 위한 지식의 중요성을 깨닫도록 하는 임무를 신에게서 부여받았다고 믿는다. 자신이 이 임무를 등한시한다면 당장 죽어 버리겠다는 선언까지 한다.

소크라테스는 왜 이런 일에 목숨까지 걸까? 그가 보기에 아테네 시민들은 현상적이고 물리적인 세계의 지식만을 얻고 있다. 이런 지식은 아무리 많이 쌓아도 지혜롭게 되지 않는다. 보이는 세계 너머 보이지 않는 곳의 본질적 지식을 깨달아야만 비로소 지혜로워진다. 그러니까 소크라테스는 눈에 보이는 것을 믿지 않는다. 진리나 본질, 지혜는 눈에 버젓이 보이는 것에 있지 않다. 가시적(可視的)인 것을 넘어설 수 있어야 진리나 본질, 지혜를 깨달을 수 있다. 소크라테스는 마치 자연 철학자처럼 이 세계의 근원을 탐색하는 태도를 취한다.

그러고 보면 소크라테스가 "네 자신이 모른다는 것을 알라!"라고 아테네 시민들을 향해 말하는 것은 그의 입장에서는 손해 볼 것이 없는 장사다. 아테네 시민들이 자신의 지혜를 뽐낼수록 소크라테스의 이 역설 때문에 무지함을 모르는 것이 되어 버리기 때문이다. 아테네 시민 입장에서는 자신의 지혜로움을 드러내면 소크라테스에게 자신의 무지함을 모르는 자로 낙인찍히고, 자신의 지혜로움을 드러내지 않으면 또 여전히 소크라테스에게서 어리석은 자로 규정된다. 이렇게 하나, 저렇게 하나 소크라테스는 자신 외의 모든 아테네인을 "제 자신의 무지함을 모르는 자"로 만들어 버릴 수 있다. 바둑으로 치면 꽃놀이패를 쥐고 있는 셈이다.

이것은 노자가 "부지지지(不知之知)"를 말한 바와 흡사하다. 노자의 부지지지도 해석하면 "네가 알지 못한다는 것을 알라."가 된다. 노자나 소크라테스는 진정한 앎에 도달하기를 권고하며, 그 진정한 앎에 도달하는 첫걸음으로 자신이 모르고 있다는 것을 깨우쳐 알 것을 강조한다. 다시 말해 자신이 모르고 있다는 것을 알아야 진정한 앎에 도달할 수 있다. 하지만 이 발상은 지식에는 계급적 차별성이 있다는 점을 전제로 하므로 문제의 소지가 있다. 내 것만 진정한 앎이고 남의 것은 진정한 앎이 아니라는 독단적이고 독선적인 태도이니 말이다.

소크라테스의 '무지의 지'와 노자의 '부지지지' 사이에는 미세한 차이점도 있다. 소크라테스의 '무지의 지'는 영혼의 훌륭함을 깨닫는 출발점이지만, 노자의 '부지지지'는 우주론적 무지를 일깨우는 말이다. 소크라테스는 지식만 많이 쌓고 막상 영혼의 훌륭함은 잘 모르는 것을 비판하려고 '무지의 지'라는 말을 동원한다. 노자는 인간 존재의 한계 때문에 넓디넓은 이 우주 속 지구 위에서 뭔가를 좀 안다고 해서 그것을 두고 안다고는 할 수 없다는 점을 지적한다. 우주의 모든 것을 아는 것이 아니라면, 나는 여전히 모르는 것이지 아는 것이 아니라는 의미다.

이런 차이점은 '무지(無知)'와 '부지(不知)'라는 말을 해석해 보아도 드러난다. '무지'는 소크라테스와 관련되고, '부지'는 노자와 관련된다. '무지'를 풀이해 보면 '모른다'가 된다. '부지'를 엄밀하게 풀이해 보면 '알 수 없어서 모른다'가 된다. 즉, '모름'과 '알 수 없음'의 차이인 셈이다. 소크라테스는 알 수 있기는 하지만 모른다는 것을 전제로 하고, 노자는 애초에 알려고 노력해도 알 수 없다는 것을 전제로 한다. 노자는 인간이 지닌 한계 때문에 아무리 알려고 해도 알 수 없는 것이 반드시 있기 마련이라는 점을 강조하려고 '부지지지'라고 한 것이다.

소크라테스의 '무지의 지'에서 출발하여 영혼으로서 지혜를 깨달을 수 있는 사람은 도대체 몇이나 될까? '무지의 지'라는 역설적인 개념을 설정하는 것부터가 일반의 아테네 시민이 쉽게 접근하지 못하도록 차단막을 치는 것은 아닐까? 공자가 『중용』에서 '중용'의 경지는 소인(小人), 즉 평범한 사람은 도달하지 못하고 오직 군자(君子)만이 도달할 수 있다고 말하는 것이나 별반 달라 보이지 않는다.

소크라테스의 '무지의 지'를 출발점으로 삼아 지혜의 경지에 도달하는 사람은 결국 선택받은 특별한 사람일 수밖에 없다. 일상을 사는 평범한 사람은 이런 경지에 쉽게 도달할 수 없다. 매일 반복되는 일상생활에 쫓기면서 수행만 전문적으로 하는 사람처럼 득도(得道)할 수는 없는 일이다. 그리고 그렇게 수행을 전문적으로 할 수 있으려면 상당한 경제적 뒷받침이 있어야 하는데, 하루 밥벌이에 바쁜 사람은 할 수 없는 일이다.

소크라테스의 '무지의 지'는 계급적 차별이 당연하던 과거 왕정 체제에 어울리는 개념이라고 할 수 있다. 그 왕정 체제에서 선택받은 몇몇 사람만이 수행해서 깨달을 수 있는 것이 '무지의 지'다. 한 사람의 군주가 통치하던 시대는 이미 지나갔고, 소크라테스가 활동하던 시대는 "정치권력을 인민에게" 주는 시대다. 이런 시대에 오직 소수의 특권자만이 깨달을 수 있는 '무지의 지'를 거론한다는 것은 분명히 시대착오적이다.

소크라테스가 한 "네 자신이 모른다는 것을 알라!"라는 말은 당시 아테네 시민들에게 무슨 혜택을 줄 수 있나? 무지의 지는 궁극적으로 영혼으로서 아레테에 도달하게 한다. 하지만 영혼으로서 아레테에 도달하는 것은 아테네 시민들에게 현실적으로 별로 도움이 되지 않는다. 소피스트처럼 구체적이고 실제적인 가정 관리술이나 정치 기술이 더 나은데 말이다.

4

소크라테스가 자신을 성인으로 포장하는 방법
: 강인한 체력, 못생긴 외모

강 샘 혜지야, 잘 지냈니?

혜지 네, 강 샘. 지난주 내내 소크라테스에 대해 새로운 사실을 알고 한 편으로는 충격을 받고, 다른 한편으로는 공부하고 싶은 의욕에 불탔던 것 같아요.

강 샘 아이고, 이런. 내가 혜지 머리를 너무 혼란에 빠트린 것은 아닌지 몰라.

혜지 아니에요. 저는 충분히 이겨 낼 수 있어요. 그리고 그건 강 샘 잘못이 아니에요. 소크라테스를 잘못 배웠거나 잘못 가르친 사람의 잘못이지 왜 강 샘의 잘못이겠어요?

강 샘 그렇게 생각해 주니 고맙구나, 혜지야.

혜지 오늘은 또 어떤 주제로 제 고정관념을 깨트리실 건가요? 아직도 제가 소크라테스를 잘못 알고 있는 부분이 있나요?

강 샘 안타깝게도 소크라테스에 대해 잘못 알려진 것들이 아직도 많이 남아 있단다. 워낙 소크라테스를 많이 미화하다 보니…….

혜지 아, 그렇군요. 오늘 하실 말씀은 뭐예요?

강 샘 소크라테스가 아테네 시민들 또는 소피스트들과 대화를 나눌 때 상대를 제압하는 방식을 이야기하려고 해.

혜지 제압한다고요?

강 샘 그렇지. 소크라테스는 보통 사람은 따라가지도 못할 만큼 강인한 체력을 지녔단다. 이런 강인한 체력이 다른 사람과 대화할 때 은연중 좋은 무기가 된다고 생각해 보았어. 플라톤의 대화편은 대부분 종결을 확실하게 짓지 않고 끝나거든. 그건 소크라테스가 자신의 체력을 무기로 삼았기 때문이라고 봐. 그리고 소크라테스는 키도 작고 못생겼대. 이런 못생긴 외모를 역이용하여 자신의 철학을 설파하기도 하지.

혜지 헉, 이것은 소크라테스의 또 다른 면이군요.

소크라테스는 여름이든 겨울이든 항상 똑같은 옷을 입는다. 그는 신도 신지 않고 웃옷도 걸치지 않는다. 게다가 아주 배가 고파야 겨우 밥을 먹는다. 삼시 세끼 챙겨 먹는다는 것은 그와는 상관없는 말이다. 안티폰이 "소크라테스처럼 살라고 하면 노예조차 도망가 버릴 것이다."라고 말할 정도다. 그러면서도 소크라테스는 많은 아테네 시민의 삶에 꼬치

꼬치 간섭을 해댄다(소크라테스 스스로도 아테네 시민이 소라면, 자신은 그 소 등에 붙어서 피를 빨아먹는 '등에'라고 표현한다).

소크라테스가 이런 삶을 살 수 있었던 것은 그의 신체적·정신적 강인함 때문이다. 당시에 그와 술 대결을 벌여 이긴 사람은 아무도 없었다. 플라톤이 쓴 『향연(symposion)』에 보면 소크라테스를 포함해서 그 향연에 참여한 사람들이 밤새 술을 마시며 토론하다가 모두 나가떨어지고, 새벽녘에 소크라테스만 혼자 멀쩡하게 그 자리를 일어나 나온다. 펠로폰네소스 전쟁에 참여했다가 전쟁에서 홀로 살아남아서 맨발로 엄청난 거리의 눈길을 걸어왔다는 일화는 유명하다. 하루 밤낮을 꼬박 서서 골똘히 철학적 사유를 했다는 일화도 있다(『향연』, 220c-d).

소크라테스는 이렇게 신체적·정신적으로 매우 강인했기 때문에 '성인'으로 살 수 있었는지도 모른다. 다른 한편 그의 이런 점은 토론 상대자를 질리게 한다. 아무리 끝장 토론이라고 하더라도 잠도 자지 않고 제대로 먹지도 않고 토론할 수는 없다. 토론 상대자를 전혀 배려하지 않고 자신의 체력이나 건강만을 기준으로 토론을 벌인 것이다. 토론의 질적 면보다 시간 끌기 등 양적 면에서 토론 상대자를 공격한 셈이다. 상대방이 배고파서 또는 잠이 와서 토론하다가 도망가는 것을 보고, 소크라테스가 토론에서 이겼다고 평가하는 사람은 아마 그의 제자인 플라톤밖에 없지 않을까?

소크라테스가 이런 삶을 사는 것은 그가 가진 철학 때문이기도 하다. 그는 영혼만 소중하게 생각하고 육체는 경멸하는 태도를 보인다. 그는 자신의 신체를 함부로 다루거나 학대하는 경향도 보인다. 이런 면에서 소크라테스가 본보기로 보여 주는 삶의 방식은 일반적인 사람들은 따라 할 수 없다. 소크라테스 같은 '특수한' 인간이나 할 수 있다. 그 '특수함'을 성인으로서 특별함으로 번역하기도 하지만 말이다.

> 그렇다면 내 눈이 당신 눈보다 더 멋지다는 것은 더 이상 고민하지 않아도 알 수 있겠군요. […] 당신 눈은 앞쪽만 보지만 내 눈은 튀어나올 대로 튀어나와서 옆으로도 볼 수 있거든요. […] 당신 콧구멍은 땅을 향해 아래쪽을 바라보고 있지만, 내 것은 넓게 벌어져 위쪽을 향하고 있어 모든 곳에서 온갖 냄새를 다 잡아낼 수 있으니 말이오. […] 두 눈 사이에 장애물을 만들지 않으면서 양쪽 눈으로 무엇이든지 잘 보게 만들기 때문이죠. 하지만 높이 솟은 코는 두 눈 사이에 장애를 만들어 제대로 보지 못하게 만든답니다.

크세노폰의 『향연』에 따르면 소크라테스는 자신의 추한 외모까지도 철학적 사유의 소재로 삼는다. 소크라테스의 눈은 사실 복어 눈처럼 튀어나와 있다. 그런데 이런 자신의 눈을 다른 사람의 평범한 눈보다 더 멋지다고 자랑한다. 자신의 눈은 튀어나와서 옆으로도 볼 수 있기 때문이다. 소크라테스의 콧구멍은 넓게 벌어져 위쪽을 향한다. 한마디로 들창코다. 그런데 들창코인 자신의 코가 더 우월한 코라고 자랑한다. 온갖 냄새를 다 맡을 수 있기 때문이다. 소크라테스 자신의 코는 납작하게 짜부

라졌는데, 이런 자신의 코가 자랑스럽다. 자신의 코는 두 눈 사이에 장애물을 만들지 않아서 두 눈을 제대로 보게 하기 때문이다.

소크라테스는 이렇게 자신의 못생긴 외모를 자신의 철학을 설파하는 수단으로 삼는다. 외모의 잘생김이라는 기준은 아테네 시민들이 임의적으로 만든 기준에 지나지 않는다. 진정한 의미에서 잘생긴 외모는 훌륭한 외모여야 하고, 훌륭한 외모는 기능적으로 우수한 외모여야 한다. 소크라테스는 인간의 인간다움을 영혼 기능의 탁월함에서 찾았기 때문이다. 그렇다면 기능적으로 우수한 외모가 훌륭한 외모고, 이런 외모야말로 진정한 의미에서 잘생긴 외모라고 할 수 있다.

눈은 보는 것이 그 기능이므로 최대한 잘 보거나 멀리, 많이 볼 수 있어야 훌륭한 눈이다. 코는 냄새 맡는 것이 그 기능이므로 최대한 냄새를 잘 맡거나 멀리 있는 냄새까지도 맡을 수 있어야 훌륭한 코다. 이런 식으로 소크라테스는 일반적인 상식을 뒤엎는 '잘생긴 외모의 기준'을 제시한다. 이 말을 들은 아테네 시민들의 표정이 어떠했을까? 아마 경악하거나 어이가 없어 멍한 표정을 지었을 것이다.

소크라테스는 영혼의 아레테를 찾듯이 외모에서도 아레테를 찾으려 한다. 하지만 이것은 자신의 철학적 일관성에 보이는 과도한 집착이라고 할 수밖에 없다. 영혼을 두고 기능적 면에서 그 탁월성을 따질 수 있을지는 모르겠지만, 외모를 두고서는 기능적 면을 바탕으로 잘생김을 평가하지는 않기 때문이다. 물론 기능적으로 우수한 외모가 잘생긴 경우도 있지만, 대체적으로 기능과 잘생김은 별개다.

인간의 외모를 평가하는 것은 시대, 지역 문화와 긴밀하게 연관된다. 고대 아테네에서 잘생겼다고 평가하는 외모와 현대 한국에서 잘생겼다고 평가하는 외모는 따로 있다. 그런데도 소크라테스는 잘생긴 외모의 고정불변하는 기준을 세우려고 엉뚱하게도 기능적 면을 끌어들인다. 이런 소크라테스를 보는 아테네 시민들의 심정이 어땠을까 짐작이 간다.

소크라테스가 보인 이런 삶의 방식을 극단적으로 계승하여 믿고 따라간 사람이 바로 디오게네스(기원전 412~323년)다. 그를 일러 흔히 키니코스 학파라고 한다. 번역하면 견유(犬儒)학파다. 개처럼 살아가는 유학자라는 의미다. 그는 문명을 반대하고, 자연적인 생활을 실천한 철학자로 유명하다. 그의 실생활 표어는 아스케시스(askêsis: 가능한 한 작은 욕망을 가질 것), 아나이데이아(anaideia: 수치심을 느끼지 않는 것), 아우타르케이아(autarkeia: 스스로 만족하는 것)다. 아무런 부족함도 없고 아무것도 필요하지 않는 것이 자연신의 특징이므로, 필요한 것이 적은 삶일수록 그만큼 자연에 가까운 삶이 된다고 생각한다.

디오게네스는 이런 자연적이고 반문명인 철학을 실천하며 산다. 평생 옷 한 벌과 지팡이 1개, 자루를 메고 통 속에서 산다. 견유학파를 가리키는 '키니코이(Kynikoi)'는 그가 통 속에서 살기 때문에 "개(kynos: 키노스)"라고 부른 데서 나온 말이다. 그래서 소크라테스나 디오게네스처럼 사는 것이 철학하는 바람직한 방법이라면 아무도 철학적 지혜를 찾으려고 하지 않을지도 모른다. 개처럼 통 속에 들어가 사는 것이 쉽지는 않기 때문이다.

소크라테스의 본질주의
: 과거의 철학으로 되돌아가다

강 샘 혜지야, 오늘은 소크라테스의 '본질주의'를 알아볼까?

혜지 네, 좋아요. '본질주의'도 소크라테스를 비판하는 데 사용하나요?

강 샘 그렇단다. 안타깝게도 소크라테스의 철학 중에는 칭찬하거나 긍
정할 만한 부분이 잘 보이지 않네.

혜지 '본질'은 왠지 꼭 있어야 할 것 같은 느낌적인 느낌인데요?

강 샘 하하, 그렇지. 본질의 반대말로 쓰는 '현상'이나 '피상' 등 개념은
대체로 부정적인 의미고, '본질'은 뭔지 모르지만 긍정적인 의미
인 것처럼 느껴지지.

혜지 강 샘 말씀대로라면 '본질'이 긍정적이거나 좋은 것이 아니라는
말인데…….

강 샘 역시 혜지 눈치는 알아주어야 한다니까.

혜지   아니, '본질'은 또 왜 그렇게 부정적으로 평가하나요?

강 샘   소피스트들은 아예 '본질'이란 없다고 생각하지. 그런데 이런 소
           피스트 시대에 소크라테스는 "본질은 있다. 본질을 찾아야 한다."
           라고 계속 주장한단다. 이것은 마치 미래의 어떤 세계에서 신은
           없다는 것이 밝혀졌는데도 "신은 있다."라고 주장하는 것과 같지
           않겠니?

혜지   그렇군요. 하여간 소크라테스 고집은 알아주어야 한다니까. 히히!

강 샘   혜지 너 내 말 따라하면서 날 놀리는 거지?

혜지   그나저나 '본질'은 정말 없는 거예요? '본질'만은 없으면 안 될 것
           같은데 말이에요.

    자연 철학자가 나타나기 전에는 온통 신화적인 이야기로 이 세계를 설명한다. 카오스에서 우라노스가 나오고, 우라노스에서 크로노스가 나오고, 크로노스에서 제우스가 나온다는 식으로 이 세계를 설명한다. 자연 철학자는 이런 식의 설명이 이 세계 안에 있는 사물의 원래 모습을 보지 못하게 한다고 비판한다. 신화로 흐릿해진 사물의 원래 모습을 객관적으로 관찰하고, 그 원인을 밝혀 논리적으로 설명해야 한다고 생각한 것이다. 이 세계의 변화, 생성 뒤에 있는 고정불변하는 본질을 찾아서 이 세계는 바로 '이것으로' 이루어졌다 말하고 싶어 한다.

    이런 자연 철학자의 존재 설명에 강하게 비판하는 새로운 철학자들이 나타나는데, 바로 소피스트다. 고르기아스는 자연 철학자들이 주

로 『자연의 본질에 대하여』라고 책을 쓰는 것을 비꼬아서 『존재하지 않는 것에 대하여』라는 이름으로 책을 쓴다. 고르기아스가 하고 싶은 말은 자연 철학자들이 추구하는 '본질'이란 없다는 것이다. 프로타고라스도 이에 상응하는 말을 한다. "만물의 척도는 사람이다. 있는 것만 있다 하고, 있지 않은 것은 있지 않다고 하는 척도다." 그의 생각은 이 세계에는 무한히 많은 존재 규정과 가치 평가가 있을 수 있다는 것이다.

> "그러니까 프로타고라스가 말하는 것은 아마도 이것이 아니겠는가? 각 사물은 내게 보이는 그대로가 내게 있어서의 것들이요, 네게 보이는 그대로가 네게 있어서의 것들이다. 그런데 너도 그리고 나도 사람이다. [⋯] 동일한 바람이 부는데도 때로 우리 중에서 어떤 이는 추워하나 어떤 이는 추워하지 않는다. 또 어떤 이는 약간 추워하나 어떤 이는 몹시 추워한다. [⋯] 그렇다면 우리는 바람 자체가 차다거나 차지 않다고 말할 것인가? 아니면 프로타고라스를 따라 추워하는 사람에게는 차지만, 추워하지 않는 사람에게는 차지 않다고 할 것인가? [⋯] 그러니까 각자에게 그렇게 '보인다'는 것인가? [⋯] 그런데 '보인다'는 것은 지각되는 것이겠지? [⋯] 그렇다면 '보임'과 지각은 뜨거운 것들, 그리고 이와 같은 것들 모두의 경우에서 '같은 것'일세. 각자가 지각하는 그대로가 각자에게 있어서의 것들인 것 같기 때문이지."(『테아이테토스』, 152a-c)

하지만 소크라테스가 보기에 고르기아스나 프로타고라스는 허무주의적 상대주의자다. 같은 바람이 불면 그것을 같은 바람이라고 해야지 누군가에게 차갑게 느껴진다고 차가운 바람이고, 다른 누군가에게 따뜻하게 느껴진다고 따뜻한 바람이 된다고 말하면 안 된다. 동일한 사물이라도 각자가 지닌 감각적 지각으로 느끼는 바에 따라 다른 사물이 되느냐고 소크라테스는 묻는다. 이렇게 사물의 상태 및 존재 여부에 대한 판단의 척도, 즉 기준을 사람마다 제멋대로 설정한다면 폴리스는 무질서와 혼란에 빠진다.

소크라테스가 보기에는 느낌, 즉 감각을 존재 판단의 기준으로 삼는 소피스트 철학은 매우 불만족스럽다. 소피스트의 관점에서 보자면, 감각으로 지각하는 것만 존재하고, 지각하지 않는 것은 존재하지 않는다. 그런데 소크라테스 관점에서는 감각으로 지각되는 것은 중요하지 않다. 중요한 것은 감각 지각 너머에 있다. 감각으로 지각되는지 여부가 존재 여부를 결정해 버리는 것을 소크라테스 입장에서는 받아들일 수 없다.

소크라테스는 프로타고라스가 왜 자신의 책 『진리』를 "만물의 척도는 돼지다."라는 말로 시작하지 않는지 이상하다고 말하며 비꼰다. 돼지 같은 짐승이 지닌 감각 지각의 척도가 인간의 감각 지각의 척도와 별반 다르지 않으니 만물을 재는 척도는 돼지라고 해도 되지 않느냐는 것이다. 프로타고라스가 이런 말로 시작했더라면 그의 지혜가 올챙이의 지혜보다 별반 나은 것이 없음을 자백하는 꼴이라고 비아냥댄다(『테아이테토스』, 161c-d).

프로타고라스가 보기에 인간이 저마다 가지는 의견이나 판단(독사)은 다 옳다. 무엇은 진리고 다른 무엇은 거짓이라고 나눌 수 없다. 진리는 이제 모든 인간마다 다르고, 그 다른 모든 진리가 동등하게 존중받아야 한다. 모든 인간에게 공통되거나 보편적인 지식(에피스테메)이 있을 수 없다. 무엇이 참된 존재인지, 참된 학문인지 판별하는 것은 불가능하다. 그래서 프로타고라스는 다른 사람의 주장은 약화시키고, 자신의 '약한 주장을 강화하는 데'만 관심을 가진다. 즉, 수사술 또는 변론술이 최대 관심거리다.

소크라테스가 보기에 프로타고라스는 존재론적 허무주의에다가 인식론적 상대주의에 빠져 있다. 참된 인식 또는 지식이 반드시 있으며, 또한 있어야 한다. 진리가 없다면 이 세상은 무엇이 참인지, 거짓인지 알 수 없고, 그 바람에 온 폴리스가 혼란에 빠진다. 그래서 소크라테스는 참된 지식, 진리가 있다는 것을 증명해 보이고자 시도한다.

소크라테스가 참된 지식, 진리를 증명하는 방법은 문답법(dialektikē: 디아렉티케)이다. 모든 인간은 진리의 기억을 희미하게 지닌 채 태어난다. 희미해진 진리 기억을 선명하게 되살리려면 먼저 영혼을 순수하게(카타르시스) 만들어야 한다. 더러운 신체에 영혼이 오래 깃들어 있다 보니 진리의 기억이 희미해졌기 때문이다. 이렇게 영혼을 순수하게 만드는 문답법 단계를 논박(elenchos: 엘렌코스)이라고 한다. 그다음 단계에서는 대화 상대자가 스스로 진리의 기억을 선명하게 갖도록 상기(想起)(anamnēsis: 아남네시스)해야 한다. '상기'는 말 그대로 잊었던 진리의 기억을 다시 일으켜 세

우는 것이다. 이 두 번째 단계의 문답법을 산파술(maieutike: 마이유티케)이라
고 한다.

엘렌코스 단계에서는 소피스트들이 어지럽힌 감각적 지각, 그리고
그에 따른 혼란스러운 의견을 근본적으로 포기할 수밖에 없도록 철저하
게 논박해 주어야 한다. 소크라테스는 이 '논박' 단계를 거쳐 감각적 지
각의 잘못과 소피스트적인 의견의 무지함을 깨달을 수 있다고 말한다.
그가 자주 하는 "네 자신이 모른다는 것을 알라!"라는 "소피스트처럼
감각적 지각으로 아는 것은 사실 아무것도 모르는 것이니 '무지의 지'를
깨달으라!"는 의미다.

그래서 소크라테스는 자신의 '논박'과 소피스트의 '쟁론'이 다르다
고 말한다. 소피스트의 '쟁론'은 단지 자신의 의견과 다르다는 이유만
으로 다른 사람의 '의견'을 깔아뭉개기 바쁘다. 그리고 옳고 그르고를
따지지 않고 무조건 자신의 '의견'만 우긴다. 심지어 자신의 설득력 약
한 '의견'을 억지나 속임수를 써서 설득력 강한 '의견'으로 변화시키기
까지 한다. 이에 비해 '엘렌코스'는 아예 '독사'를 버리게 하고, '에피스
테메'를 가질 수 있게 한다.

마이유티케 단계에서는 '지적 산파술'을 써서 망각으로 희미해진 이
성 능력을 되살려야 한다. 인간의 영혼에는 원래 이성 능력이 있어 참된
지식을 가질 수 있다. 다만 이 세계에 태어나 더러운 육체 속에 영혼이
갇히다 보니 그 이성 능력이 자신에게 있다는 것조차 잊어버린다. 잊어
버린 이성 능력을 되살리고 진리를 깨닫게 하려고 소크라테스는 자신의

어머니가 산파로서 아기 낳는 것을 도와주듯이, 대화 상대자에게 지적 산파술을 쓰겠다고 말한다.

자신을 변론하려고 법정에 선 소크라테스는 자연 철학에 실망했다고 말한다. 자연 철학과 자연 철학자를 버린 지 오래라고도 말한다. 하지만 소크라테스가 자신을 인식하고 있는 바와 달리 그는 자연 철학자와 유사한 지점에 서 있다. 자연 철학을 비판한 소피스트 철학을 다시 비판한 사람이 소크라테스이기 때문이다. 자연 철학의 본질주의를 비판하고 그 대안으로 제시한 소피스트의 다원주의적 상대주의를 다시 소크라테스가 비판한 후 본질주의로 되돌아가기 때문이다.

소크라테스는 소피스트들이 해체한 헬라스적 본질주의(本質主義)를 다시 복원하려고 한다. 그런데 소크라테스 말대로 진리나 본질이 있다면 참과 거짓은 명확히 구분되고, 어떤 것은 참이 되고 다른 어떤 것은 거짓이 된다. 폴리스 안 시민 중에는 참인 견해를 가진 시민도 있고, 거짓인 견해를 가진 시민도 있다. 참인 견해를 가진 시민은 좀 더 많은 권리를 누리고, 거짓인 견해를 가진 시민은 그만큼 불이익을 감수할 수밖에 없다. 이것은 반민주적이다.

본질이란 어떤 대상의 외양이 변한다고 하더라도 변하지 않는 고정 불변의 중심적인 무엇이다. 또 어떤 대상의 정체성이나 동일성을 드러내는 무엇이다. 이런 본질은 어떤 대상 존재가 이 세계에 나타나기 전에 이미 간직된 것으로 믿는 바다. 즉, 소크라테스는 선험적이고 선천적인 것으로서 본질을 찾는다. 자연 철학자들이 선험적이거나 선천적인 '피지스'나 '아르케'를 찾는 것과 마찬가지다.

그들은 보이는 이편 세계의 본질이 보이지 않는 저편 세계에 있다고 믿는다. 이편 세계에 문제가 생기면 저편 세계의 본질을 끌어와서 해결해야 한다고 믿는다. 왜 이편 세계의 문제를 이편 세계 안에 있는 방법론으로 해결하지 못하는지 설명하지 못하면서 말이다. 왜 하필 보이지도 않고, 존재하는지도 미심쩍은 저편 세계의 것을 끌어와야 하는지 충분히 설명하지 못하면서 말이다.

소크라테스는 문답법으로 인간 존재의 '훌륭함 그 자체', 인간 존재의 '본질'에 도달할 수 있다고 믿는다. 하지만 과연 인간 존재의 본질이 있는지, 그 본질을 알고 실천하는 삶이 가능한지 의심스럽다. 인간 존재의 단일한 본질이 있다면, 그리고 모든 인간이 그 본질에 도달하려고 노력한다면 이 세계에 사는 모든 인간은 단일한 방식으로 삶을 살아갈 것이다. 개성도 없고 차이성도 없이 획일적이고 일률적인 모습으로 살아가는 인간 모습만 떠오른다.

그런 인간은 이미 인간이 아니다. 정한 프로그램대로 움직이는 로봇이거나 기계에 더 가깝다. 이 점을 생각해 보면 소크라테스가 주장하는 인간 존재의 단일한 본질은 오히려 있어서는 안 된다. 소크라테스가 말하는 바와 달리, 인간 존재의 본질은 삶을 잘 살아가게 하는 것이 아니라 삶을 망치는 것이다. 인간 삶의 다양성, 차이성, 개성, 창조성을 해치는 것이 소크라테스의 본질주의인 셈이다.

또 소크라테스가 말한 인간 존재의 단일한 본질이 있다면 개별 존재의 평가와 순위 매기기도 가능할 것이다. 개별 인간 중에서 어느 인간이 그 단일한 본질에 가깝고 먼지 등을 평가할 수 있으며, 본질에 가장 가까운 인간부터 가장 먼 인간까지 순위를 매기는 일도 가능하다. 인간은 서열이 매겨져 있는 거대한 단일 시스템 속에 노예처럼 속박되어 이런저런 평가를 받고 질책을 당한 후, 좀 더 힘을 내어 단일한 본질에 더 가까워질 수 있도록 노력하자고 스스로 다짐해야 할 것이다. 이런 사회는 조지 오웰의 소설 『1984』에서 완벽하게 묘사한다.

6

소크라테스의 막가파식 반어법: 대등한 듯하지만
실제로는 일방적이고 강압적인 대화

강 샘 혜지야, 오늘은 소크라테스 대화법을 공부해 볼까?

혜지 강 샘, 혹시 "소크라테스의 대화법도 문제 있어!" 이렇게 말씀하
시려는 건 아니죠?

강 샘 허허, 내가 그렇게 말할 줄 어떻게 알았지?

혜지 정말요? 맙소사, 소크라테스 대화법에도 문제가 있을 줄이야.

강 샘 심지어 소크라테스 대화법은 소크라테스가 지닌 문제점의 결정
판이야. 소크라테스 철학이 지닌 문제점의 핵심이 이 대화법에서
다 드러나.

혜지 그렇게 심각한가요? 정말 난 소크라테스를 완전히 거꾸로 알고
있었네.

강 샘 소크라테스가 문답법으로 아테네 시민들에게 지혜를 가르쳐 주

는 것으로 알고 있잖아?

혜지 네, 그렇지요.

강 샘 그런데 실제로 소크라테스는 아테네 시민들에게 전혀 지혜를 가르쳐 주지 않아. 이 대화라는 것도 대화 상대를 비꼬거나 정신없게 만들거나 일방적이고 강압적으로 질문 공세를 퍼붓는 식이야.

혜지 소크라테스가 그렇게 몰상식하게 대화를 했다는 게 정말 믿기지 않네요.

강 샘 그러게 말이다. 소크라테스도 자신을 소 등에 붙은 '등에' 또는 '전기가오리'에 비유할 정도였어. 그렇게 표현할 만큼 아테네 시민들을 지루하게 하고 고통스럽게 했던 거야.

혜지 대화는 즐겁고 재미있고, 또한 깨달음의 기쁨도 느끼는 것이 되어야 하지 않나요? 소크라테스는 왜 이렇게 이상한 대화를 했을까요?

소크라테스는 아테네 시민들이 얼마나 아둔한지, 그리고 얼마나 상투적인 대답밖에 못하는지 일깨워 주고자 '에이로네이아(eironeia)' 대화법을 동원한다. '에이로네이아'란 영어 단어인 아이러니(irony)에 해당한다. 이 방법으로 대화한다는 것은 어떤 때는 상대방을 은근히 비꼬고, 어떤 때는 상대방이 자신의 어리석음을 스스로 폭로하게 하며, 또 어떤 때는 상대방을 칭찬하는지 비난하는지 모를 말투로 대화를 주고받는 것이다. 아테네 시민들이 스스로 무지함을 깨달을 수 있도록 소크라테스 자신의 의도를 숨긴 채 대화하는 방법이다.

김소월의 시 〈먼 훗날〉은 아이러니가 무엇인지 잘 보여 준다. 이 시는 "먼 훗날 당신이 날 찾으시면 / 그때에 내 말이 잊었노라"라는 구절로 시작한다. 시적 화자는 먼 미래에 떠났던 당신이 나를 다시 보고 싶다고 말한다면, 그때 나는 당신에게 '이미 당신을 잊었노라'고 말하겠다는 것이다. 그런데 정말 기억을 잊어버렸다면 먼 미래에 당신을 보고서도 당신인 줄도 모를 것이므로 '이미 당신을 잊었노라'는 말조차 할 수 없음에도 이 시의 시적 화자는 이렇게 말한다. 게다가 당신과 내가 다시 만나는 사건은 먼 미래의 사건인데, 현재 시점에서 '이미 당신을 잊었노라'고 말하리라 미리 예언한다.

결국 이 시의 시적 화자도 본래 속마음(당신과 헤어지기 싫고, 아무리 시간이 흐른다고 해도 당신을 결코 잊지 못할 것이라는 속마음)을 숨긴 채 이렇게 말한다. 이 시의 시적 화자는 속마음을 숨긴 채 이렇게 말하지만 당신도, 시적 화자도, 이 시를 읽는 독자도 시적 화자의 '진짜 마음'이 무엇인지 똑똑히 알고 있다. 아니 오히려 이렇게 반어법을 씀으로써 더욱 선명하게 시적 화자의 '진짜 마음'을 알게 된다. 김소월은 '반어법'을 써서 시적 화자의 의도를 감추는 듯하지만, 더욱 분명하게 그 의도를 드러내는 효과를 거둔다.

마찬가지로 소크라테스도 아테네 시민들과 대화를 하면서 '반어법'을 쓴다. 하지만 소크라테스가 쓴 '반어법'은 전혀 다른 효과를 보인다. 그는 '에이로네이아' 방법으로 아테네 시민들을 정신없게 만든다. 아테네 시민들이 지혜를 알고 있다고 조금이라도 으스대지 못하도록 하려면, 결코 대화의 주도권을 그들에게 빼앗겨서는 안 된다. 사정없이 질문을 퍼붓거나 이 논점에서 저 논점으로, 저 논점에서 다시 또 다른 논점으로 마구 논점을 이동해야 한다. 대화 상대방이 소크라테스와 나누는 대화에서 집중력을 잃고 어느새 소크라테스가 이끄는 대로 순순히 따라올 때까지 말이다. 소크라테스와 대화해 보니 "정말 난 아는 것이 없어. 정신조차 어지러워."라는 생각이 들 때까지 말이다.

소크라테스는 이것을 아테네 시민들의 철학 공부가 얼마나 빈약한지 자기 폭로를 하게 하는 방법이라고 믿는다. 대화를 시작할 때 소크라테스는 자신이 얼마나 무지한지 고백하고, 아테네 시민의 지혜를 배우겠다고 겸손한 자세를 취한다. 이 말을 들은 아테네 시민은 으스대며 소크라테스에게 무언가를 좀 가르쳐 줄 수 있을 듯한 자만심에 빠진다. 하지만 대화가 깊어질수록 소크라테스의 질문 공세, 사방팔방 논점 이동 등에 녹다운된다. 결국 아테네 시민 스스로 "모른다는 것을 아는" '무지의 지' 상태에 도달한다.

소크라테스는 자신을 아테네 시민들이 소라면 자신은 소의 등에 붙어서 소를 괴롭히며 피를 빨아먹는 '등에'에 비유해서 표현한다. 또 아테네 시민들 정신을 번쩍 차리게 하려고 전기 감전을 시키는 '전기가오리'가 바로 소크라테스 자신이라고 말한다. 이런 비유만 보아도 소크라테스가 아테네 시민들에게 어떻게 했는지 알 수 있다. 문답법이니 산파술이니 하면서 사실은 아테네 시민들을 대화로 괴롭히거나 정신없게 만들거나 자포자기 상태에 빠트리거나 자기 비하하게 만든다.

또 소크라테스는 철저하게 논리적 근거를 들면서 대화를 이어가려고 노력한다. 게다가 대화 상대방에게도 그런 주장을 하는 논리적 근거가 어디에 있는지 꼬치꼬치 캐묻는다. 소크라테스 이전의 자연 철학자들이 일방적으로 만물의 기원을 가르쳐 주는 방식과 다르다. 소크라테스는 철저한 논리주의라는 헬라스 사유의 전통을 세웠다고 할 수 있다. 소크라테스 이후 서양 철학은 논리적으로 사유하고, 논리적 근거와 이유를 분명히 대며 대화하거나 토론해야 하며, 글쓰기를 해야 하는 것을 당연하게 여긴다.

공자의 책은 "자왈(子曰)"이라는 말로 시작한다. 즉, "공자님께서 말씀하시되"라고 하여 일방적으로만 훈계한다. 제자와 대화하거나 논쟁을 벌이는 일은 없다. 싯다르타도 마찬가지다. 『금강경』은 "여시아문(如是我聞)"이라는 말로 시작한다. 즉, "나는 부처님에게 이와 같이 들었노라."라는 말로 시작하여 장황하게 부처의 설교만 늘어놓는다. 논리적인 대화를 주고받는 모습은 그 어디에서도 찾아볼 수 없다.

하지만 그렇다고 소크라테스 대화법을 마냥 칭찬할 수는 없다. 소크라테스의 대화가 대부분 제대로 결론에 이르지 못하고 어설프게 끝나는 문제점이 있기 때문이다. "경건함이란 무엇인가"라는 주제로 에우티프론과 대화를 전개하다 마지막에 가서는 에우티프론이 바쁘다는 핑계를 대며 그 자리를 떠난다. 본격적으로 논의도 하지 못한 채 대화는 중단되고 만다. 우정과 사랑 문제를 다루는 『리시스』에서도 역시 소크라테스는 푸념을 늘어놓으며 논의를 끝낸다.

왜 이런 일이 자주 생길까? 분명 소크라테스의 대화는 상대방을 질리게 하는 무언가가 있다. 소크라테스가 '소 등에 붙어서 피를 빨아먹는 등에처럼' 집요하게 물어 대기 때문일 가능성이 높다. 이것을 긍정적으로 보자면 열정적이라고 할 수 있겠지만, 부정적으로 보자면 병적인 집착이라고 해야겠다. 논리적 근거와 이유를 바탕으로 대화해야 한다는 강박 관념이 상대방에게 대화하는 재미와 흥미보다는 고통과 무관심을 불러일으키는지 모른다.

그리고 애초에 소크라테스의 논리적인 대화법은 결론에 쉽게 도달할 수 없다. "진정한 아름다움이란 무엇인가?"라는 주제로 대화를 한다고 치자. 먼저 개별 존재의 사례에서 아름다움을 발견해야 할 것이다(아마 이 작업만 해도 평생 걸려도 다하지 못할 것이다). 그다음으로 그 개별 존재의 아름다움에서 아름다움의 공통 요소를 찾아내야 한다(앞의 작업을 했다고 하더라도 이 작업에 이르면 어떻게 작업을 진행해야 할지 난감할 수밖에 없다). 마지막으로 개별 존재의 아름다움이 지닌 공통 요소에서 '아름다움 그 자체'라고 할 수 있는 바를 정의 내려야 한다. (앞의 두 단계를 아무리 잘했다고 하더라도 이 단계에 오면 깊은 절망에 빠진다. '아름다움 그 자체'는 애초에 없으니까 말이다.)

소크라테스는 논리적인 대화를 한답시고 정말 열심히 대화하지만 애초에 결론에 도달할 수 없는 대화다. 애초에 결론에 도달하지 못한다면 소크라테스는 거짓말을 하고 사기를 친 꼴이다. 자신과 대화하면 영혼이 정화되고 망각했던 진리를 되찾을 수 있다고 말해 놓고, 막상 실제 대화에서는 제대로 결론에도 도달하지 못하면서 지루하게 대화 시간만

연장했으니 말이다. '대단한' 진리를 깨우쳐 줄 것처럼 시늉해 놓고 밑도 끝도 없는 대화만 고통스럽게 전개했으니 말이다.

플라톤의 대화편 35개를 보면 하나같이 소크라테스가 등장하고, 그가 다른 사람과 대화하는 부분이 나온다. 그리고 그중 아주 소수의 작품을 제외하고 대부분은 소크라테스가 대화를 주도한다. 소크라테스는 일방적으로 질문하고 상대방은 거의 대부분 소크라테스의 견해에 수동적으로 동의하는 역할만 한다. 소크라테스가 "이것은 이렇고 저것은 저런데, 너도 그렇다고 생각하나?"라고 물으면 대화 상대는 "네, 물론이지요."라거나 "그렇습니다. 동의합니다."라고 대답한다.

소크라테스와 대화 상대는 동등한 관계에 있지 않다. 대화 형식을 취하고는 있지만, 사실 소크라테스가 일방적으로 대화 상대를 이끌어 간다. 대화 상대는 소크라테스의 질문 공세에 자동적이고, 수동적으로 동의하기 바쁘다. 그렇게 동의하다 보면 어느새 자신도 모르게 전혀 낯선 논의 지점에 가 있다. 그 논점이 소크라테스 견해에 지극히 부합한다는 것도 뒤늦게 발견한다. 소크라테스는 알 테지만, 어디서 출발해서 어떤 경로로 그곳까지 오게 되었는지 도무지 알 수 없다.

소크라테스는 '지적 산파술'을 써서, '에이로네이아' 방법으로 아테네 시민들의 무지함을 깨뜨리고 지혜, 본질에 이르게 하겠다고 한다. 그러나 실제로는 아테네 시민들 넋을 빼놓고, 소크라테스 자신의 독특한 일방통행으로 마구 치닫게 한다. 대화가 끝날 즈음 대화 상대는 야릇한 실의와 좌절과 열패감만 맛본다.

7

"이것은 무엇인가?"
: 있지도 않은 본질을 찾는다고 질문을 퍼붓는 꼼수

혜지 강 샘, 궁금한 게 있어요.

강 샘 아, 혜지야. 오늘은 뭐가 궁금하지?

혜지 제가 소크라테스가 등장하는 대화편을 조금 읽어 보았거든요. 그런데 그 대화편 속에서 공통점을 하나 발견했어요.

강 샘 그래? 그게 뭔데?

혜지 소크라테스가 대화 상대와 대화를 시작할 때 "이것은 무엇인가?"라고 묻거든요. 그러다가 대화가 무르익을 즈음 또 물어요. "그래서 이것은 무엇인가?" 그것으로 끝이 아니에요. 대화가 마무리될 즈음에 또 이 질문이 등장해요. "결국 이것은 무엇인가?" 정말 이것은 뭘까요? 소크라테스는 왜 이 질문을 반복할까요?

강 샘 이야, 역시 혜지의 날카로움은 무서울 정도야. 어떻게 그것을 발견했니?

혜지 에이, 비행기 태우지 마시고 빨리 가르쳐 주기나 하셔요.

강 샘 소크라테스 철학의 특성상 "이것은 무엇인가?"라는 질문은 필연적으로 반복할 수밖에 없어.

혜지 왜 그런데요?

강 샘 소크라테스는 본질주의자잖아. 아테네 시민들이 본질, 진리, 지혜가 무엇인지를 깨달으면 그 본질, 진리, 지혜에 준하는 삶을 살게 될 것이고, 아테네 폴리스도 정의로운 폴리스로 발전한다고 생각한 것이지. 그렇게 되려면 먼저 아테네 시민들이 용기와 정의와 경건과 지혜가 무엇인지 알아야 한다고 생각한 거야. 그래서 끊임없이 아테네 시민들에게 용기와 정의와 경건과 지혜의 본질을 캐물은 거야.

혜지 아하, "이것은 무엇인가?"라는 질문에 그런 뜻이 숨어 있었군요.

소크라테스는 자신의 철학적 방법론을 '차선의 항해 방법'에 비유한다. 순풍에 돛다는 식의 항해 방법이 최선이라면 차선의 방법, 노를 젓는 방법, 인간의 노력으로 항해하는 방법, 요행에 기대지 않는 방법을 소크라테스 자신의 방법으로 본다. 인간에게는 언어와 언어 사용 능력이 있는데, 이것은 인간에게 이성이 있기 때문에 가능하다.

철학할 수 있는 언어는 더더욱 이성적 논리(logos)에 바탕을 둔 언어여야 한다. 즉, 정확하게 '의미 규정된 형식', '정의된 말'을 가질 수 있어야 철학도 가능하다. 이렇게 번거롭지만 논리적인 언어, 이성으로 탐색하는 것이 소크라테스가 보기에는 '차선의 방법으로 항해하는 것'이다. 그리고 그 구체적인 방법이 문답법(디아렉티케)이다. 그렇다면 소크라테스는 이런 문답법으로 무엇을 이루고자 한 것일까?

플라톤의 『크리톤』에는 소크라테스의 제자이자 친구인 크리톤이 감옥에 갇힌 소크라테스더러 탈옥하여 국외로 망명하자고 설득하는 대목이 나온다. 이때 크리톤은 소크라테스가 탈옥해야 하는 여러 가지 이유를 댄다. 자신이 친구인 소크라테스를 국외로 망명시키지 못하면 사람들이 자신에게 어떤 평판 내지 의견(독사)을 내어 놓겠느냐고 애원한다. 그리고 소크라테스가 죽으면 크리톤은 두 번 다시 소크라테스를 볼 수 없으니 얼마나 아쉽겠느냐고 사정하기도 한다. 이것에 소크라테스는 다음과 같이 대답한다.

"여보게, 크리톤! 자네의 그 열의가, 그러나 만일에 그렇지가 않다면 그 열의가 더하면 더할수록 그만큼 더 곤란한 것일세. 그러니 우리가 과연 그렇게 해야 할 것인지 아니면 그렇게 하지 말아야 할 것인지를 검토해 보아야만 하네. 이건 내가 이제 비로소 하는 것이 아니라 언제나, 추론해 보고서 내게 가장 좋은 것으로 판단되는 그러한 이치 내지 원칙 이외에는, 내게 속하는 그 어떤 것에도 따르지 않는 그런 사람이기 때문일세."(『크리톤』, 46b)

재판정에서 소크라테스는 국외로 추방되는 형을 제의받지만 거절한다. 평생 아테네 시민의 한 사람으로 아테네 시민들의 이성적 발전을 위해 살아왔는데, 이제 와서 국외로 가 버리면 스스로 삶의 의미를 부정하는 것이 된다는 이유에서다. 재판정에서 이런 이유를 대며 국외 추방을 거절한 마당에 이제 와서 탈옥하여 국외로 망명을 한다면 논리나 이치에 맞지 않다는 것이다.

소크라테스에게 법은 사회적 합의이자 약정이다. 법 없이 공동체는 유지할 수 없다. 법은 공동체를 유지하는 원칙이다. 그리고 사회적 합의나 약정으로서 법은 합리적으로 정해야 한다. 공동체 운영의 원칙을 합리적으로 정하려면 즉흥적인 표결이 아니라 합리적인 '추론으로 결론을 얻는 것'이 필요하다. 그러려면 아테네 시민이 먼저 이성적인 사람이 되어야 한다.

소크라테스가 아테네 시민들을 향해서 저마다 자기 영혼을 돌보라고 권고하거나 "이것은 무엇인가?"라고 질문한 것은 모두 이 때문이다. 아테네 시민들의 영혼이 이성 능력을 가지고 이를 활용할 수 있다면, 원칙이 바로 선 건전한 시민 공동체가 될 것이라고 소크라테스는 믿는다. 아테네 시민들이 저마다 '아레테'에 이르면 아테네 폴리스 전체도 '아레테'에 도달한다고 생각한다.

소크라테스가 알키비아데스에게 "이것은 무엇인가?"라고 따져 묻는다.
출처: 프랑수아즈-앙드레 빈센트(François-André Vincent)의 〈소크라테스에게 가르침을 받는 알키비아데스〉(1777)

소크라테스가 논리적 근거를 대며 하는 대화는 주로 "이것은 무엇인가?"라는 물음으로 채워진다. 대화를 시작할 때 "이것은 무엇인가?"라고 묻고, 대화를 한참 진행하다가도 중간에 가서 "그래서 이것은 무엇인가?"라고 또 묻고, 대화가 다 끝나가는 지점에서도 "그리하여 결국 이것은 무엇인가?"라고 묻는다. 소크라테스 입장에서는 이 물음이야말로 아테네 청년들에게 영혼의 이성 능력을 깨닫게 하는 것이다.

"이것은 무엇인가?" 형식으로 소크라테스는 끊임없이 "용기란 무엇인가", "경건함이란 무엇인가", "아름다움이란 무엇인가", "정의란 무엇인가" 같은 물음들을 던진다. 이 물음들은 대개 인간 삶의 방법론과 관련된 윤리적 물음들이다. 소크라테스는 아테네 시민들이 용기와 경건함과 아름다움과 정의의 의미를 올바르게 알면 아테네의 무너진 사회적 기강도 다시 세울 수 있으리라고 기대한다. 펠로폰네소스 전쟁을 겪으면서 아테네 폴리스는 공동체적 윤리가 피폐해졌는데, 그것을 다시 세우는 방법으로 이것이 가장 최선이라고 여긴다.

"용감한 사람이란 어떤 사람인가?"라는 소크라테스의 질문에 대화 상대는 "그는 전쟁터에서 도망가지 않고 끝까지 싸우는 사람이다."라고 대답한다. 그러면 소크라테스는 "무조건 전쟁터에서 도망만 가지 않는다고 해서 용감한 사람이라고 할 수 없지 않느냐?"라고 반문한다. "후퇴가 작전상 유리하다면, 무모하게 그 자리에서 희생당하기보다는 일단 후퇴했다가 다시 싸워서 승리하는 사람이 오히려 용감한 사람이지 않느냐?"라는 것이다.

그리고 소크라테스는 일반적으로 인정할 수 있는 용감한 행위의 예를 좀 더 알아보자고 말함으로써 대화에서 다룰 대상을 더욱 확대한다. "용감한 사람은 전쟁에서만 볼 수 있는 것이 아니라, 질병과 같은 고통과 싸우는 사람 중에서도 용감한 사람이 있으며, 정치적 결단을 내리거나 자신의 욕망을 억제하는 행동도 용감한 사람이라 볼 수 있지 않느냐?"

이처럼 전쟁뿐만 아니라 다른 경우에서 용감한 행위의 사례들도 제시함으로써 소크라테스는 대화 상대를 그다음 단계로 끌고 간다. 개별적 용기의 사례를 아는 것으로 그쳐서는 안 되고, 그 개별적인 사례 속에서 용기의 공통점을 추출할 수 있어야 한다고 말하며 관심을 유도한다. 그래서 마침내 용기와 관련된 공통된 요소를 뽑아낸다. "용기란 어려움을 참고 견디는 것이다. 용감한 행위에는 하나같이 어려움을 견뎌 내야 하는 요소가 있으니까 말이다."

하지만 소크라테스는 그 정도에서 만족하지 않는다. "용기 있는 사람이 어려움을 견디기로 한다면, 그가 이 어려움을 견딘 후에 자신에게 주어질 결과가 어떤지 미리 알아야 하지 않느냐? 어려움을 견딘 결과가 어떤지도 모르면서 어려움을 견딘다는 것은 어리석지 않나?" 이렇게 새로운 질문을 대화 상대에게 던진다.

그래서 무모한 짓은 용기가 아니다. 어리석게 견디는 어려움은 미덕이 아니다. 참고 견디는 행위 결과가 어떻게 되리라는 것을 아는 사람이어야 용감하다. 하지만 이 행위의 결과를 계산하고서 자신에게 이득이 된다고 판단하여 그 어려움을 견디는 사람은 타산적이지 않은가? 이런 면에서 진정으로 용감한 사람은 자신에게 위험이 닥칠 줄 알면서도, 자신에게 손해가 될 줄 알면서도 그것을 감수하기로 한 사람이라고 해야 할 것이다.

용감한 사람은 자기 행위의 결과를 알 수 있는 사람이어야 한다고 주장해 놓고, 자기 행위의 결과가 어떨지 알 수 없는 사람이어야 한다고 주장하는 것은 서로 모순이다. 소크라테스의 질문은 이런 모순을 지적함으로써 그 문제에 대한 생각을 더욱 본질적인 차원으로 몰고 간다. 지혜와 용기의 관계라든지, 일반적인 덕성(德性)과 용기의 관계를 생각해 보면서 소크라테스는 용기에 대한 이해를 정리하는 방향으로 대화를 이끌어 간다. 하지만 소크라테스의 대화가 늘 그렇듯이, 대화가 끝날 때까지 용기에 대한 만족스러운 정리에는 도달하지 못한다.

소크라테스는 아테네 시민들의 윤리적 기준을 세우고자 하면서도 어느새 도덕을 강요한다. '에토스(ethos)'는 사람마다 좋은 성품을 가리킨다. 즉, 윤리는 애초에 사람마다 다를 수밖에 없다. 그런데도 모든 아테네 시민의 공통된 윤리적 기준을 세운다는 것은 모순이다. 이미 아테네 시민들은 동일한 종교를 믿지 않고, 다양한 종파와 다양한 신을 믿을 만큼 윤리적 다양성이 자리 잡은 상태인데 말이다.

용기, 경건함, 아름다움, 정의 등이 모든 아테네 시민에게는 결코 동일하게 이해되지 않는다. 그런데 소크라테스는 이런 아테네 시민들에게 단일한 본질이 있을 것이라며 하나의 정의를 내리고자 한다. 그리고 그 단일한 윤리적 정의에 따라 모든 아테네인이 단일한 윤리적 행위와 실천을 하기를 바란다.

전쟁터에서 두 나라의 군인들이 싸울 때, 이 나라의 군인은 저 나라의 군인을 죽여야 옳은 일을 하는 것이다. 저 나라의 군인도 마찬가지다. 이 나라 군인을 죽여야 한다. 그렇지 않으면 후방에 있는 처자식이 위험하다. 이 나라 군인이나 저 나라 군인은 저마다 옳다고 믿는 바에 따라 서로를 죽인다. 이 둘 중 누구를 옳다고 하고 다른 누구를 그르다고 할 수 없다. 그래서 소크라테스는 용기를 정의 내리려고 했지만, 용기의 본질이 무엇인지 밝히려고 했지만 애초에 불가능한 꿈이다.

한 폴리스 안에 살고 있는 각양각색 시민들은 저마다 삶의 방식대로 살아간다. 누구는 정치가로, 누구는 군인으로, 누구는 농부로, 누구는 시인으로 살아간다. 그들의 삶에서 폴리스 시민으로서 공통 요소를 뽑아 삶의 본질은 이것이라고 정의를 내릴 수 있을까? 설사 정의를 내릴 수 있다고 하더라도 그것만이 폴리스 시민으로서 바르게 사는 방식이니 오직 그 방식대로만 살라고 모든 시민에게 강요할 수 있을까?

소크라테스는 답을 찾는다는 것이 불가능한데도 고집스럽게 답을 찾으려고 "이것은 무엇인가?"라고 질문을 퍼붓는다. 마치 "이것은 무엇인가?"라는 질문에 대답하다 보면 '대단한' 지혜라도 얻을 수 있을 것처럼 말이다. 이런 면에서 소크라테스는 아테네 청년들에게 불온한 사상을 심었기 때문에 고발당한 것이라고 볼 수 없다. 소크라테스는 아테네 청년들과 시민들을 정말 귀찮게 하고 성가시게 했기 때문에, 너무나 짜증나게 했기 때문에 고발당했다고 보아야 하지 않을까?

8
"알면 그렇게 행동할 수 있다"
: '지행일치'라는 불가능한 꿈

강 샘   혜지야, 소크라테스의 '지행일치' 알지?

혜지   네, 들어 본 적 있어요. "안다는 것과 행동한다는 것은 일치한다." 뭐 이런 뜻 아닌가요?

강 샘   맞아, 그런 뜻이지. 또 이렇게도 풀이할 수 있어. "알면 그렇게 행동할 수 있다."

혜지   제가 말한 것과 강 샘이 말한 것이 어떻게 다르죠?

강 샘   네가 풀이한 대로라면 "'지행일치'는 사실이다."가 되겠지. 그런데 내가 풀이한 대로라면 "행동으로 실천하려면 먼저 알아야 한다."가 되는 거야. 그러니까 실천에 선행해서 '아는 것'이 중요하다는 의미로 '아는 것'을 매우 강조하지.

혜지   난 알고 있더라도 머리로만 알 뿐 행동으로 옮기지 않을 때가 많던데요. 소크라테스는 역시 성인이라서 다른가 봐요?

강 샘　그러게. 사실 나도 알면서도 행동하지 못하는 것이 한두 가지가 아니야. 아마 소크라테스처럼 절대 될 수는 없을 거야.

혜지　갑자기 궁금해지네요. 소크라테스는 저 말을 하고 저렇게 실천했을까요?

강 샘　바로 그거야. 그것이 오늘 너와 함께 알아보고 싶은 점이야. 내가 알기로는 아이러니하게도 소크라테스조차 '지행일치'를 하지 못했다는 거야.

혜지　왠지 그럴 것 같더라니……. 휴, 이제는 소크라테스에게 실망할 힘도 없네요.

강 샘　내가 혜지에게 너무 큰 충격을 주지 않았나 모르겠네.

혜지　아니에요, 괜찮아요. 처음에는 좀 충격을 받았지만 지금은 오히려 감추어진 진실을 안 것 같아 기쁘고 즐거워요. 그러니 걱정 마시고 소크라테스의 '지행일치'도 가르쳐 주세요.

인식론적 면에서 보면 소크라테스는 소피스트가 주장한 감각주의와 상대주의에 반대한다. 소피스트는 개인의 주관적 감각 체계나 정보에 따라 이 세계를 각각 다르게 인식한다는 감각적 상대주의를 지향한다. 소크라테스가 보기에 소피스트가 지향하는 이런 부분은 온당하지 못하다. 소크라테스 관점에서 볼 때, 감각적 상대주의는 인간의 실제 인식이 왜 발전하는지 적극적으로 해명하지 못한다. 분명히 더 잘 인식한 것도 있고 더 못하게 인식한 것도 있는데, 감각적 상대주의는 이것들을 모두 동등한 상대성 속에 몰아넣는다. 네 감각으로 인식한 것이든 내 감각으로 인식한 것이든 모두 상대적으로 옳은 인식이라고 인정해 버리니 무엇이 더 나은 인식인지 가려낼 수 없다.

또 소크라테스는 감각적 상대주의가 공동체적 삶을 근거 지을 수 있는 가치관을 제시하지 못한다고 본다. 개인의 감각적 상대성을 인정하다 보면 공동체적 결속이 깨지는 것을 막을 수 없다. 동일한 대상을 두고서도 한 사람은 부정적으로 느끼는데, 다른 사람은 긍정적으로 느끼는 것이 감각적 상대주의다. 이런 상태에서는 공동체적인 합의나 결속을 기대할 수 없다. 그래서 소크라테스는 감각을 초월한 인식적 기준이 있어야 한다고 생각한다. 그 인식적 기준은 인간 영혼 속에 있는 이성적 사유 능력에 따라 드러날 뿐이다.

감각을 초월한 인식의 보편적 기준은 "이것은 무엇인가?"라고 끊임없이 질문함으로써 찾을 수 있다. 이것은 개인의 주관적 감각 정보를 넘어서 이성적 사유를 했을 때 이것을 어떻게 정의를 내릴 수 있느냐는 차원에서 물음이다. 이 물음은 "이것을 너는 어떻게 느끼는가?"가 아니라, "폴리스 시민 모두에게 보편적이고 본질적인 이것은 어떤 의미인가?"이다.

이 물음으로 소크라테스는 대체로 아레테 문제를 해명하고자 한다. 아레테에는 인간으로서 훌륭함, 모범적임, 가장 인간다움 등 의미가 있다. 소크라테스는 "인간다움의 본질은 무엇인가?"라고 질문하여 해명함

지행일치

| | | 대답한다 |
ti esti? | | 생각한다 |
| | 대답한다 |
ti esti? | | 생각한다 |
| | 대답한다 |
ti esti? | | 생각한다 |
| | 대답한다 |
ti esti? | | 생각한다 |
| | 대답한다 |
ti esti? | | 생각한다 |

소크라테스   소크라테스의 문답법   아테네 청년

소크라테스는 끊임없이 질문한다. "ti esti?", 그리하여 "ti esti?", 결국 "ti esti?" … 그렇게 집요하게
질문해서 '지행일치'의 경지에 도달할 수 있다고 믿은 것일까?

으로써 아테네 시민들이 좀 더 인간다운 훌륭한 삶을 살게 하고 싶다.

물론 소크라테스 꿈은 좌절할 수밖에 없다. 모든 아테네 시민에게 적용할 수 있는 보편적이고 본질적인 도덕률을 찾는 것은 불가능하기 때문이다. 이 사람에게 옳다고 반드시 저 사람에게도 옳다고는 확신할 수 없다. 보편적 도덕률은 없고 취향이나 성격, 습관만 있을 뿐이다. 아테네 시민 각자가 좋다고 생각하는 삶의 방향과 속도로 살아가는 것뿐이다.

"네 영혼을 돌보라."라고 가르치는 소크라테스 입장에서는 우선 영혼을 통일해야 한다. 영혼이 분열한다는 것은 곧 인간이 타락한다는 것을 의미하기 때문이다. 그 영혼을 통일시키려면 무엇보다 아레테를 깨달아야 한다. 망각한 영혼이 훌륭함을 아테네 시민들이 인식할 수 있도록 소크라테스는 열심히 '문답법'을 쓴다. 그러므로 소크라테스는 산파일 뿐 막상 '아레테'라는 아기를 직접 낳는 것은 아테네 시민 각자다.

소크라테스는 교육 방법론 면에서 소피스트와 대립한다. 소크라테스는 '산파술'을 내세움으로써 자신은 매우 소극적인 위치에서 피 − 교육자를 도울 것처럼 시늉한다(이것은 마치 루소의 '소극 교육'을 떠올리게 만든다). 하지만 소크라테스의 '산파술'은 매우 기만적으로 표현한 용어다. 그의 '산파술'이 '소극 교육'이 되려면 지식의 후천적 습득 능력을 인정해야 하는데, 소크라테스는 그렇지 않다.

소크라테스가 가르치고자 하는 '아레테'는 모든 인간이 태어나기 전에 이미 갖추고 있는 선천적이고 선험적인 것이다. 그 선천적이고 선험적인 '아레테'를 소크라테스는 이미 알지만, 대화 상대는 아직 잘 모른다. 이런 관계 조건에서는 가르치는 자인 소크라테스가 소극적인 몸짓을 보일 수는 있지만, 실제로 소극적일 수는 없다. 소크라테스 자신이 믿는 '아레테'를 향해 일방적으로 대화 상대를 끌고 갈 수밖에 없다.

차라리 소피스트와 같은 태도를 취해야만 루소가 말하는 '소극 교육'을 실행할 수 있다. 소피스트는 자신이 믿는 바를 진리라고 생각하지 않는다. 또는 자신이 믿는 바만 진리라고 고집도 부리지 않는다. 진리는 없거나 무수히 많다. 그러므로 소피스트나 소피스트에게 가르침을 받는 대화 상대나 다 진리를 안다. 다만 소피스트는 자신이 믿는 바를 대화 상대에게 소개할 뿐이다.

소크라테스는 아레테 통일성을 강조한다. 그가 보기에 아레테는 본질적 일원성을 지닌다. 인간이 자신의 욕구나 충동, 본능 등을 이기지 못하는 것, 쾌락의 유혹에 빠져서 좋은지 나쁜지 분별하지 못하는 것은 의지박약이 아니다. 의지박약이라면 마음을 바꾸어 의지를 갖고 아레테를 얻어 훌륭한 인간이 될 수 있다. 하지만 소크라테스가 보기에 이런 것에 빠지는 것은 무지하기 때문이다. 자신의 영혼이 지닌 아레테를 모르기 때문에 이처럼 어리석은 짓을 한다. 반대로 자기 영혼의 아레테만 알면 인간은 누구나 훌륭한 행동을 실천하며 산다.

소크라테스 관점에서 볼 때 그것이 나쁜 짓인 줄 잘 알면서도 나쁜 짓을 하는 것은 있을 수 없다. 인간이 나쁜 짓을 하는 것은 그 인간이 자신 속에 망각한 채 있는 인간다운 훌륭함, 아레테를 되살리지 못했기 때문이다. 망각한 채 희미하게 남아 있는 아레테 기억을 다시 선명하게 인식한다면 인간은 결코 나쁜 짓을 할 리가 없다. 인간은 영혼의 아레테를 인식함으로써 아레테대로 실천할 수 있는 존재다. 흔히 소크라테스의 '지행일치'라는 말은 여기서 나온다. 다시 말해 소크라테스는 '미덕'과 '지혜'가 일치한다고 생각한다.

그런데 현실을 보면 소크라테스 생각은 전혀 설득력이 없음을 금세 알게 된다. 학력이 높거나 상당한 사회적 지위에 있거나 엄청난 부나 권력을 소유한 사람인데도 나쁜 짓을 하는 경우를 흔히 볼 수 있기 때문이다. 그들은 대중이 보는 자리에서는 착하고 올바르고 좋은 것을 지향하며 실천해야 한다고 강조해서 말한다. 하지만 대중이 감시하지 못한다 싶으면 더 큰 나쁜 짓을 하고, 아주 몹쓸 짓도 서슴지 않는다.

그들은 인간다운 훌륭함이 무엇인지 몰라서 그렇게 나쁘고 몹쓸 짓을 하는 것이 아니다. 인간다운 것이 무엇인지, 훌륭함이 무엇인지, 착하고 올바른 것이 무엇인지 그 누구보다 더 잘 아는 사람이 바로 그들이다. 그런데도 그들은 이런 짓을 서슴지 않는다. 따라서 소크라테스의 '지행일치'는 성립하지 않는다. 차라리 '의지박약'으로 설명하는 것이 더 합리적이다. 그들은 알고 있더라도 그것을 실천할 의지가 부족해서 그렇게 하지 않는 것이다.

소크라테스의 '상기설(相起說)'도 이런 맥락에서 나온다. 『메논』에서 소크라테스는 메논의 시동(侍童)이 기하학 문제를 풀 수 있도록 문답법을 행한다. 그 시동은 이전에 기하학을 전혀 몰랐는데, 소크라테스와 대화함으로써 "스스로 제 안에서 앎(지식)을 되찾게" 된다. '지적 산파술'이라고 이름 붙인 이유는 소크라테스가 일방적으로 가르치는 것이 아니라, 대화를 주고받으면서 대화 상대방이 스스로 아레테를 되찾도록 만들기 때문이다.

망각한 채 희미하게 남아 있는 아레테를 되찾아 상기(아남네시스)한다는 것은 소크라테스가 '영혼의 불멸(不滅)'을 전제로 하기 때문이다. 소크라테스는 "종교에 밝은 남녀"에게서 상기설을 전해 듣는다. "혼은 불사(不死)하며 여러 번 태어났고, 또한 이승의 것과 저승의 것을 모두 다 보았다. 따라서 무엇이나 배우지 못한 것이 없다." 인간의 영혼은 이미 다 알고 있는데, 다만 잠시 잊고 있을 뿐이다. 그러니 그의 희미한 인식 속에다 작은 불씨 하나 당겨 주는 것만으로 충분하다. 그 작은 불씨를 당기는 일이 '산파술'이라고 소크라테스는 말한다.

소크라테스가 한 말을 다 믿어도 될까? 그의 말대로라면, 소크라테스는 정말 민주적인 방법으로 아테네 시민들을 대했으리라고 짐작된다. 그러나 실제로는 소크라테스가 일방적으로 대화 상대를 이끌어 가는 모습이다. 대화 상대는 소크라테스가 설정하는 논점을 따라가기 바쁘다. 설사 논점을 따라간다고 하더라도 이미 정신없이 소크라테스의 반문에 수동적인 동의를 하기 바쁘다. 말로만 산파술일 뿐이고 사실은 '혼 빼놓기'이거나 '헐떡거리며 따라가게 만들기'다. 그렇게 혼이 빠져 헐떡거리며 논점을 따라가기 바쁜데, 과연 대화 상대는 맑은 영혼 상태에 들 수 있으며 인간다운 훌륭함을 깨달을 수 있을까?

플라톤의 『메논』에는 '문제의 패러독스'가 나온다. 메논의 시동은 소크라테스에게 묻는다. "해법을 전혀 알 수 없는 문제는 애초에 '문제'로 인식하지도 않을 것이고, 해법을 알고 있는 문제는 이미 '문제'가 아니기 때문에 '문제'라는 것은 성립하지 않지 않느냐?" 소크라테스가 대답한다. "그래서 인간은 '문제'를 어렴풋이 알 뿐 완전히 모르는 것도, 완전히 아는 것도 아니다. 희미하게 알고 있는 바를 네 스스로 완전히 알 때까지 내가 너의 산파가 되어 줄 수 있다."

산파는 산모를 마구 다그쳐야 하는 걸까? 그리고 그렇게 다그치는 방법을 산파술이라고 할 수 있을까? 그렇게 다그치는 방법을 쓰면 대화 상대는 산파인 소크라테스의 생각을 일방적으로 주입받지 않을까? 대화 상대가 '자기 주도 학습'을 하는 것이 아니라 '주입식' 교육을 받는 것이 아닐까? 소크라테스는 대화 상대에게 '자기 주도 학습'을 도와준다고 해 놓고 실제로는 '주입식' 교육을 한 것은 아닐까? 소크라테스 스스로 '지행일치'를 강조했는데, 그의 산파술은 '지행일치'를 하지 못한 것이 아닐까? 소크라테스는 산파술을 완전히 아는 것처럼 보이지만, 실제로는 산파술을 행동으로 제대로 실천하지 못하는 듯하기 때문이다.

아이러니의 헬라어 '에이로네이아'
: 대화를 논하다

소크라테스의 대화법을 흔히 '에이로네이아' 방법이라고 한다. 이것은 영어의 '아이러니'에 해당하는데, 헬라어로 에이로네이아는 '위장'이라는 의미다. 그래서 아리스토텔레스는 『니코마코스 윤리학』에서 에이로네이아는 상대방을 기만하려고 변장하는 기술을 의미한다고 밝힌다. 그리고 아리스토텔레스는 세 가지 유형의 인물을 제시한다.

첫째, 허풍선이처럼 자기를 실제 이상의 존재인 것처럼 가장하는 인간

둘째, 이와 반대로 자신을 실제보다 낮추어 말하는 인간

셋째, 자기를 있는 그대로 말하는 진실한 인간

아리스토텔레스는 윤리적 기준을 '진실성'에 두므로 세 번째 인물만 윤리적 인간 유형으로 본다.

하지만 이것이 현실이 아니라 드라마 등 문학 작품 속이라면 이야기

가 달라진다. 문학 작품 속에서는 오히려 자신을 과장하거나 과소평가해서 말하는 것이 반드시 비윤리적이거나 반윤리적이지는 않기 때문이다. 그래서 아리스토텔레스는 고대 희극에 등장하는 두 가지 인물 유형을 따로 제시한다. 그 인물은 '에이런(Eiron)'과 '알라존(Alazon)'이다. 에이런은 약자이지만 겸손하고 현명하다. 알라존은 강자이지만 자만이 심하고 우둔하다. 이 두 인물 유형이 대결을 펼치면 대부분의 관객은 알라존의 승리를 예상한다. 하지만 관객의 예상을 뒤엎고 약자인 에이론이 강자인 알라존을 물리쳐 승리한다.

그래서 아이러니 기법을 쓰는 시에서는 페르소나(persona: 시적 화자)를 2개 찾을 수 있어야 한다. 하나는 겉으로 드러나는 시적 화자로 알라존이고, 다른 하나는 속에 숨어 있는 시적 화자로 에이런이다. 아이러니 기법을 쓰는 시를 보면서 겉으로 드러난 의미만을 읽는다면 그 시를 올바르게 감상하지 못한 것이다. 알라존 뒤에 숨어 있는 에이런 목소리를 들을 수 있어야 비로소 그 시가 말하고자 하는 바를 제대로 알았다고 할 수 있다.

그런데 문학 작품이 아니라 철학적 담론을 하면서 소크라테스는 바로 이 아이러니 방법을 쓴다. 소크라테스는 뭔가를 좀 아는 사람으로 자신하지 않는다. 뭔가를 좀 안다면 본질로서 아레테를 알 것인데, 그것을 모르니 소크라테스 자신이 뭘 안다고 할 수 없다. 그런데 아테네 시민들은 자신이 뭘 좀 많이 알고, 잘 안다고 생각한다. 분명히 뭘 잘 모르는데도 잘 안다고 생각하니 유머러스한 방법으로 그들의 무지함을 드러낼 방법을 고안해 낸다. 그것이 바로 에이로네이아 방법이다.

소크라테스는 대화 상대자가 잘 알고 있다고 생각하는 바가 무엇인지 먼저 묻는다. 그리고 그것을 정의 내려 보라고 요구한다. 그다음에는 대화 상대자의 정의에서 벗어난 예외를 제시하며, 그 정의를 수정해 보라고 요구한다. 이 과정을 여러 번 반복한다. 대화 상대자는 짜증이 나서 반박을 시도한다. 그러면 소크라테스는 그것을 되받아서 대화 상대자가 처음 한 말과 나중에 한 말이 서로 어긋난다는 점을 지적한다. 즉, 자기모순에 빠졌다는 것을 지적하여 대화 상대자를 꼼짝 못하게 한다. 그런데 이렇게 말을 하면서도 소크라테스는 수시로 겸손을 떤다. "나는 잘 모르겠는데 말이야."라고 하면서 발톱을 감춘다.

그뿐만이 아니다. 소크라테스는 괜히 지나가는 사람을 붙잡아 말싸움을 걸면서도, 자신은 아는 것이 없어서 가르칠 의도가 전혀 없다고 말한다. 막연하고 희미하게 아는 상태에서 대화를 나누다 보면 둘 다 깨달음에 이르지 않겠냐고 한다. 이 말을 곧이곧대로 믿고 대화에 들어가면 대화 상대자는 금세 속았다는 것을 깨닫는다. 소크라테스는 대화 상대자와 대등한 관계에서 대화하지 않기 때문이다. 소크라테스가 설정해 놓은 논의의 틀 속에서 대화를 주고받기 때문에 무조건 소크라테스가 이끄는 방향으로 갈 수밖에 없다. 게다가 소크라테스는 대화 상대자에게 일방적으로 질문을 퍼붓고, 다른 생각을 할 수 있는 여지를 없애려는 듯이 "그렇지 않은가?" 하는 식의 반문을 해댄다.

또 소크라테스는 애초에 불가능한 것을 탐색 대상으로 삼아 대화를 시작한다. 소크라테스 대화에서 가장 많이 나오는 문장 형식은 "티 에스티(ti esti)?"인데, "이것은 무엇인가?" 정도로 해석할 수 있다. 대화를 하면서 탐색해야 할 대상의 본질적 정의를 내리려는 것이 소크라테스인 셈이다. 하지만 이 세계는 변화하고 생성하는 세계이기 때문에 이 세계 안에 있는 것 중에 고정불변하는 본질을 가진 대상은 없다. 따라서 고정불변하는 대상의 본질을 찾아 정의를 내린다는 것은 불가능하다. 소크라테스와 대화 상대자는 아무리 대화해 보았자 결국 만족스러운 결론을 찾지 못한다. 그러니까 이 대화 자체가 하나의 아이러니인 셈이다.

결론에 도달하는 것이 불가능한 본질을 정의 내리고자 대화를 시작했으므로 그 대화는 중도에 그만둘 수밖에 없다. 그런데도 소크라테스는 끝없이 대화를 이어 간다. 대화 상대자가 지칠 때까지, 결국 먼저 포기할 때까지 대화를 멈추지 않는다. 심지어 1박 2일 동안 상대방을 붙들고 대화를 한 적도 있다. 상대방은 소크라테스 의도를 눈치채고 힘닿는 데까지 버텨 본다. 결국 견디지 못하고 적당한 핑계를 대며 그곳을 떠나거나 술에 취해 잠들어 버린다. 그때까지도 소크라테스는 멀쩡한 상태로 있다가 유유히 그 자리를 빠져나온다. 마치 상대방이 무지를 깨닫게 했다는 듯이 말이다.

소크라테스의 '에이로네이아'는 대화 상대자를 지치게 하거나 멍하게 만들거나 포기하게 만드는 데 핵심이 있다. 이런 대화를 하면서도 소크라테스는 자신의 문답법(디아렉티케)을 변증법이라고 하거나 지적 산파술(마이유티케)이라고 규정한다. 변증법의 대화 사다리를 올라가서 끝내는 지혜에 도달할 것이며, 자신은 마치 산파처럼 대화 상대자가 스스로 지혜를 깨닫도록 옆에서 도와줄 뿐이라는 것이다.

소크라테스가 지식의 산파라면, 대화 상대자는 아기를 낳기도 전에 힘을 너무 빼서 막상 낳아야 할 시점에는 아기를 못 낳는다고 해야겠다. 이런 방법으로 아테네 폴리스 안에서 수없이 대화하는데도 아테네 시민들에게서 원성을 사지 않는다면, 그것이 이상할 정도다. 결국 소크라테스의 '에이로네이아' 방법은 실패한 방법이다. 지식의 사다리를 밟고 올라가지도 못할뿐더러, 올라가 보았자 안타깝게도 그곳에는 기대하던 지혜가 없다.

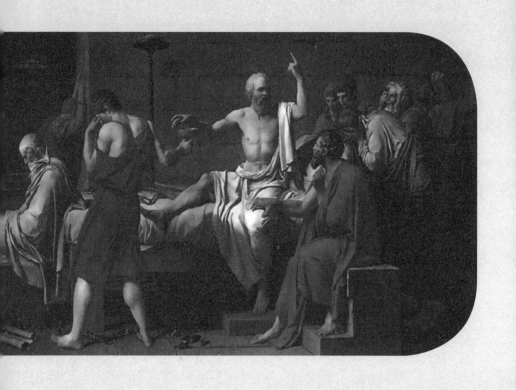

4부

'악법도 법이다'는 말은
거짓이다

1
소크라테스가 아테네 시민들의
공공의 적이 된 이유

강 샘   혜지야, 오늘부터는 소크라테스 죽음과 관련된 공부를 해 볼까?

혜지   네, 좋아요. 근데 이제까지 배운 소크라테스 철학이 그동안 알던
사실과 많이 달라서 실망했잖아요. 소크라테스 죽음도 성인의 죽
음이 아니라 그렇고 그런 죽음이지 않을까 싶어서 걱정이 되네요.

강 샘   음…… 슬픈 예감은 언제나 맞을 가능성이 높지.

혜지   아니, 정말이에요? 소크라테스 죽음이 전혀 성인의 죽음이 아니
란 말이에요?

강 샘   그렇단다. 우선 소크라테스가 왜 고발당했는지부터 알아보아야
겠지? 소크라테스가 고발된 사정을 알면 소크라테스의 죽음이
지닌 의미도 알 수 있을 테니 말이야.

혜지   강 샘 말씀을 들어 보면 소크라테스는 아무 죄 없이 고발된 것이

아닌 듯하네요. 그리고 소크라테스가 독배를 마시고 죽은 것도 분명한 이유가 있어 보여요.

강 샘 참으로 안타깝게도 그렇단다. 소크라테스는 죽기 전에 많은 아테네 시민들에게서 미움을 받았어. 그의 제자 플라톤이 설명한 바와는 달리 소피스트가 뒤집어써야 할 죄를 소크라테스가 대신 뒤집어쓰고 죽은 것도 아니고 말이다. 아테네 시민들이 무지해서, 소크라테스 철학을 잘 모르고 오해해서 죽은 것도 아니란다.

혜지 그럼, 소크라테스가 아테네 시민들에게서 미움받을 짓을 했단 말이에요?

강 샘 그래. 소크라테스는 자신의 주특기인 문답법으로 정말 집요하게 괴롭혔단다. 소크라테스가 고발당했을 때 그의 죄목에 이것은 없었지만, 아마도 이것 때문에 독배를 마시고 죽을 수밖에 없었던 것이 아닐까 싶어.

혜지 소크라테스 자신은 아테네 시민들을 괴롭히고 있다는 사실을 몰랐을까요? 아니면 알고도 이런 짓을 했을까요? 알고도 이런 짓을 했다면 소크라테스는 사디스트가 되어 버리는데…….

강 샘 그러게 말이다. 그런데 소크라테스는 자신의 문답법이 아테네 시민들을 고통스럽게 한다는 점을 분명히 알고 있었어. 알면서도 소크라테스는 아테네 시민들을 붙잡고 대화를 주고받는 일을 멈추지 않았지. 허, 참! 이렇게 되면 소크라테스는 영락없는 사디스트가 되는 것인가?

혜지　정말 소크라테스는 이상한 사람이네요. 왜 아테네 시민들이 괴로 워한다는 것을 알면서도 문답법을 멈추지 않았을까요?

페르시아 전쟁에서 승리한 이후 아테네는 헬라스 지역의 중심 폴리스가 된다. 아테네는 정치, 경제, 문화 등 모든 면에서 가장 앞서가는 폴리스다. 게다가 아테네는 모든 시민이 정치에 참여하는 직접 민주주의 체제다. 아테네 시민들은 정치판에서 정치적 연설을 하는 기술, 생각을 잘하는 방법, 설득을 잘하는 방법, 말을 잘해서 인기를 얻는 기술 등이 무엇보다 절실하다. 그리하여 헬라스 세계의 다른 지역에 있던 사상가들, 즉 아낙사고라스라든가 프로타고라스 같은 소피스트들이 아테네 폴리스 안으로 들어온다.

이런 소피스트 무리 속에 소크라테스도 있다. 소크라테스는 아테네 태생인데도, 아테네 시민들에게는 소피스트와 동일한 존재로 인식된다. 하지만 소크라테스는 아테네 시민들에게서 환영받지 못한다. 오히려 아테네 시민 입장에서는 짜증나는 존재다. 그는 아테네 시민들이 배우고 싶어 하는 바를 전혀 가르쳐 주지 않는다. 아테네 시민들이 배우고 싶어 하는 바를 배우려면 선행적으로 알아야 할 것부터 정의를 내릴 수 있어야 한다고 말하면서, 자꾸 엉뚱한 논점으로 몰고 간다.

아테네 시민들은 그에게 "어떻게 하면 정치적인 능력을 향상시킬까?"라든가 또는 "도덕적인 의무와 같은 것이 있을까?" 등을 물어본다. 그러면 소크라테스는 이 주제를 가르쳐 줄 것처럼 몸짓을 취하면서 '구두 만드는 사람'이나 '목공' 같은 비천하고 부적절한 것 같은 사람들의 사례를 들어 이야기를 시작한다. 정치적 능력을 향상시키려면 먼저 정치적 능력이 무엇인지 알아야 하는데, 그것을 알 수 있도록 '구두 만드는 사람'을 예로 들어 보겠다는 것이다. '구두 만드는 사람'이 기능적으로 훌륭한 것이나 정치가가 기능적으로 훌륭한 것이나 매한가지라고 말하면서 말이다.

"만일에 당신이 한 사람의 훌륭한 제화공이 되고자 한다면 첫째로 필요한 것은 구두가 무엇인지 개념을 정의하는 것이고, 둘째로 구두를 무엇에 쓰는지 아는 것이다. 만일 당신이 마음속에 자신이 만들려는 것이 무엇인지, 그것이 수행해야 할 기능이 무엇인지 분명하고도 상세하게 이해하지 못한다면, 사용할 도구와 재료에서 가장 좋은 종류를 정하거나 그것을 사용하는 최선의 방법을 정한다고 하더라도 모두 부질없는 일일 뿐이다." 소크라테스는 구두를 만드는 일을 실행하기 전에 먼저 제화공이 자신의 내면을 들여다보고, 제화공으로서 '아레테'를 알아야 한다고 말한다. 당장 실행에 옮기는 것이 급한 아테네 시민 입장에서는 정말 짜증나는 일이다.

제화공이 구두를 잘 만들 수 있게 되는 과정을 살펴보자. 재료인 가죽이나 가죽을 다루는 연장들, 그 구두를 신는 인간의 발, 구두 만드는 과정에서 겪는 시행착오 등 엄청난 경험이 쌓여서 마침내 훌륭하다고 인정받는 제화공이 되었으리라. 그렇다면 소크라테스는 예를 잘못 들었다. 제화공이 기능적으로 훌륭한 것과 인간 영혼의 훌륭한 기능은 전혀 유추 관계가 성립하지 않기 때문이다. 소크라테스 말대로라면 인간 영혼의 훌륭한 기능은 감각 경험과는 상관없다. 선천적이고 선험적으로 영혼이 갖추고 있는 것이 '아레테'이기 때문이다.

제화공 비유야 어쨌든 소크라테스가 주장하는 대로 '문답법'을 하기만 하면 인간 영혼의 '아레테'를 알 수 있다고 하자. 그렇다고 하더라도 이것은 전혀 객관적이지도, 구체적이지도 않은 교육 방법론이다. 소크라테스와 대화를 주고받아야만 머릿속에 있는 잘못된 견해들이 눈 녹듯 사라지고 영혼을 정화할 수 있다면, 그 애매모호하고 막막한 교육 과정을 어떻게 신뢰할 수 있단 말인가? 소크라테스가 사이비종교의 교주가 아니라면 훨씬 더 객관적이고 구체적인 학습 과정을 제시할 수 있어야 하지 않을까?

좀 더 소크라테스에게 양보를 해 보자. 그가 가르치는 바에 따라서 영혼을 정화하고 '아레테'를 알게 되었다고 치자. 인간 영혼의 훌륭함을 아는 것으로 인간 자신이 삶을 행복하게, 그리고 잘 살게 되는 것은 아니다. 도덕적으로 훌륭하다는 것과 행복한 삶을 사는 것은 별개이기 때문이다. 아무리 도덕적으로 훌륭하다고 하더라도 반드시 행복하게 잘 살았다고 평가할 수는 없는 노릇이다. 아테네 시민은 지금 당장 행복하게 잘 사는 효과를 발휘하는 기술을 얻고 싶은데, 소크라테스는 이런 뜬구름 잡는 소리만 한다. 아테네 시민이 보기에 소크라테스는 지혜를 가르쳐 주는 소피스트가 아니라 차라리 '짜증 유발자'다.

소크라테스가 용기의 '아레테'를 얻는 방법은 이러하다. 용기의 아레테를 얻는다는 것은 용기의 본질을 안다는 것이므로, 대화 상대와 함께 정확히 용기 정의를 내리는 작업에 들어간다. 우선 용기에 해당하는 사례들을 수집한다. 그 속에서 공통점을 찾아낸다. 그 공통점을 자의적으로 용기 정의로 삼는다. 그런 후 검토하지 않은 사례가 없는지 살핀다. 그 사례를 추가하면 용기 정의가 달라져야 하므로, 새롭게 공통점을 찾는다. 이런 일을 대화 상대가 지칠 때까지 끝없이 반복한다. 용기와 관련된 사례는 무수히 많고, 그 무수히 많은 사례가 저마다 의미 차이가 있기 때문이다.

이런 정의 내리기 작업을 엄청난 인내력을 갖고 끝까지 한다고 하더라도 결국 용기에 대한 본질적 정의는 내릴 수 없다. 용기 있는 인간 행위의 사례는 상황마다 다르기 때문에 단일하고 공통적인 용기의 본질은 없다. 소크라테스는 대화 상대자를 붙잡고, 있지도 않은 용기의 본질을 찾아 정의를 내리려고 하는 것이다. 그러니 아무리 많은 사례를 검토하고 새롭게 정의를 수정해도 궁극적 정의에 도달하지 못한다. 대화 상대자는 뒤늦게 이 짓이 부질없음을 깨닫고 핑계를 댄 후 그 자리를 떠난다. 대화 상대자가 떠난 후에도 소크라테스는 용기의 아레테를 찾고자 하는 집착을 버리지 않는다. 아테네 시민에게 소크라테스는 점점 소름끼치는 존재로 비친다.

소크라테스가 보기에 아테네 시민들은 지나치게 성급하다. 몇몇 사례만 살펴보고는 정의 내리기 첫 단계가 미처 끝나기도 전에 그만두어 버린다. 그 대표적인 인물이 에우티프론이다. 그는 바로 같은 이름이 붙은 플라톤의 대화편에서 소크라테스와 더불어 경건함에 대해 정의 내리기 대화를 시작한다. 에우티프론은 자신의 아버지를 고의적 살인죄로 고발하고, 그 아버지를 묶어서 재판정으로 가던 길이다. 소크라테스도 재판을 받으러 가다 이런 에우티프론을 붙잡고 대화를 시작한다.

소크라테스는 에우티프론과 나눌 대화 주제로 왜 하필 '경건함'을 선택했을까? 소크라테스는 에우티프론 자신이 하는 짓, 즉 아버지라고 하더라도 기꺼이 고의적 살인죄로 처벌하는 짓은 신의 경건함에 부합하는지 묻고 싶다. 소크라테스는 이런 에우티프론의 '경건함'이 진정한 의미의 경건함, 경건함의 아레테, 경건함의 본질적 정의에 부합하지 않는다는 점을 일깨워 주고 싶다. 다시 말해 소크라테스는 에우티프론에게 "너의 '경건함'은 진정한 의미의 경건함이 아니야. 네가 네 아버지를 고의적 살인죄로 잡아 가두는 짓은 그다지 자랑할 만한 일이 못 돼."라고 말하고 싶은 것이다.

에우티프론은 경건함이란 자신의 아버지처럼 고의적 살인을 한 자나 신의 성물(聖物)을 훔친 자를 고발하는 것이라고 정의 내린다(5d~6c). 그러자 소크라테스는 이것은 경건함 그 자체에 대한 정의가 아니라 경건함의 사례일 뿐이라고 반박한다(6c-e). 다시 에우티프론은 말을 바꾸어 부당하게 다른 사람을 죽인 아버지를 고발한 자신의 행위는 신의 사랑을 받을 만하고, 경건함이란 신의 사랑을 받는 일이라고 말한다(6e-9c). 그러자 소크라테스는 "네가 한 짓이 정말 신의 사랑을 받을 만하냐?"라고 반문한다(8a).

에우티프론은 두 번째 정의(9e)를 약간 고쳐서 다시 말한다. "모든 신이 사랑하는 것이 경건한 것이며, 모든 신이 싫어하는 것은 경건하지 않은 것이다." 이에 소크라테스는 "신의 사랑은 경건함 그 자체가 아니므로 신의 사랑으로 경건함을 정의할 수 없다."라고 반박한다(10a). 덧붙여서 소크라테스는 자신이 직접 경건함을 정의한다(12d). "경건함은 '올바름'의 일종이다." 소크라테스 자신도 경건함에 대한 본질적 정의를 내리지는 못한다. 겨우 올바름, 도덕적임, 선함 등 넓은 개념에 그 하위 개념으로 경건함도 포함된다고 말할 수 있을 뿐이다.

이후에도 대화가 오가지만 더 이상 진척되지 않고 제자리를 맴돈다. 현대인의 눈으로 볼 때 소크라테스와 에우티프론은 정말 쓸데없이 말장난을 하고 있다. 신이 있는지 없는지 알 수 없는 상황에서 신의 사랑을 논하는 것은 의미 없으며, 도덕적 올바름이 무엇인지 정의를 내릴 수 없는 상황에서 그 도덕적 올바름의 부분 집합인 경건함을 정의 내린다는 것은 불가능하기 때문이다. 소크라테스는 애초에 정의를 내릴 수 없는 '경건함'을 정의 내려 보겠다고 나선 것이며, 괜히 지나가던 에우티프론의 시간만 낭비한 것이다.

소크라테스는 다른 대화편(『메논』)에서 그의 상대에게 "나는 너에게 한 가지, 즉 덕을 물었을 뿐인데 너는 내게 한 무더기나 되는 덕을 말해주는군."이라고 말한다. 비록 많은, 다양한 덕의 사례가 있다고 하더라도 그것들은 한 가지 공통된 성질이나 특성을 가질 수밖에 없고, 바로 이 공통된 성질이나 특성을 바탕으로 올바름 또는 덕을 정의 내려야 한다고 생각하기 때문에 소크라테스는 저렇게 대답한다. 소크라테스의 이런 쓸데없고 부질없는 정의 내리기에 온 아테네 시민들은 점점 지칠 수밖에 없다.

> 여러분이 내게 "오오, 소크라테스! 우리는 이번에 아니토스의 말을 듣지 않고 그대를 무죄 방면할 것이오. 그러나 한 가지 조건이 있소. 그대는 그런 탐구와 철학으로 소일하지 마시오. 그대가 계속 그런 일을 하다가 붙잡히는 날에는 사형에 처해질 것이오."라고 말씀하신다면, 나는 여러분에게 말씀드리겠습니다. 아테네인 여러분, 나는 여러분을 좋아하고 사랑하지만, 여러분보다는 신에게 복종할 것입니다. 내가 숨을 쉬고 그럴 능력이 있는 한 나는 철학으로 소일하는 일도, 여러분에게 조언하는 일도, 만나는 모든 사람에게 여느 때처럼 다음과 같이 지적하는 일도 그만두지 않을 것입니다. "이것 보세요! 당신은 아테네인이오. 당신의 폴리스는 가장 위대하며, 지혜롭고 강력하기로 명성이 자자하오. 그런데 부와 명예와 명성은 되도록 많이 획득하려고 안달하면서 지혜와 진리와 당신 영혼의 아레테에는 관심도 없고 생각조차 하지 않다니 부끄럽지 않소?"
>
> (『소크라테스의 변명』, 29d-e)

소크라테스는 자신이 하는 일이 아테네 시민들을 위한 일이라고 생각한다. 아테네 시민들이 아테네인으로서 자부심을 가질 수 있도록, 지혜와 진리와 영혼의 아레테를 되찾을 수 있도록 도와야 한다고 생각한다. 그래서 소크라테스는 결코 이 일을 멈출 수 없다. 게다가 이런 사명은 신이 소크라테스에게 부여했다고 생각한다. 소크라테스의 친구가 델포이에 가서 받은 신탁은 "아테네 안에서 소크라테스보다 더 지혜로운 자는 없다."이다.

이 말을 들은 소크라테스는 자신은 무지함을 아는데, 아테네 시민들은 자신의 무지함을 모른 채 지혜롭다고만 으스대니 이런 신탁이 내렸다고 생각한다. 그래서 소크라테스는 아테네 시민들이 자신의 무지함을 깨달을 수 있도록 끊임없이 질문을 퍼부으며 대화를 나누어야겠다고 다짐한다. 그것이 신이 소크라테스에게 부여한 사명이라는 것이다. 신이 자신에게 이런 사명을 부여했으므로, 아무리 아테네 시민들이 싫어한다고 하더라도 자신은 아테네 시민의 짜증을 유발하는 일을 멈추지 않을 것이라고 공언한다.

멜레토스 등에게 고발당한 그가 배심원의 아량으로 풀려난다고 하더라도 소크라테스는 이 짓을 계속할 것이라고 선언한다. 아테네 시민들을 붙잡고 "정의가 무엇인가? 용기란 무엇인가? 경건함이란 무엇인가?" 등을 꼬치꼬치, 집요하게, 악착같이 캐물을 것이라는 말이다. 아테네 시민들이 "제발 그런 짓 좀 그만하라."라고 요구하는데도 소크라테스는 전혀 개의치 않겠다는 태도다. 소크라테스의 신념은 참으로 굳건한데, 아테네 시민 입장에서는 이런 소크라테스의 신념이 너무나 싫고 고통스럽다.

소크라테스가 추구하는 바가 아무리 도덕적으로 옳고, 신의 뜻이라

하더라도 아테네 시민들이 이토록 고통스러워한다면 당장 멈추어야 하지 않을까? 그리고 도덕적으로 옳은 일이거나 신의 뜻에 따라 수행하는 일은 꼭 이렇게 아테네 시민들에게 고통을 줄 수밖에 없는 것일까? 어째서 고통스러운데도 도덕적으로 옳을 수 있는가? 신은 왜 소크라테스가 아테네 시민들을 학대하도록 만든 것일까? 이런 모든 의문이 들 때마다 아테네 시민들의 소크라테스에 대한 의구심은 더욱 커졌을 것이 분명하다.

2

소크라테스의 두 죄목: 불온한 사상을 주입하는 것과 아테네 신을 믿지 않는 것

혜지   강 샘, 소크라테스에게 또 궁금한 게 생겼어요.

강 샘   하하. 아직도 소크라테스에게서 풀리지 않는 의문이 많구나, 혜지야! 이번에는 뭐가 궁금하지?

혜지   소크라테스가 고발당했잖아요. 이때 죄목이 두 가지라는데, 그것이 뭐예요?

강 샘   아, 그것이 궁금하구나. 물론 소크라테스의 죄목 두 가지만 궁금한 건 아니겠지?

혜지   네, 맞아요. 지난번에 소크라테스가 죄 없이 죽지는 않았다고 하셨잖아요. 그렇다면 소크라테스가 고발당한 죄목들이 상당한 근거가 있다는 말이잖아요?

강 샘   오, 역시 혜지는 대단해. 그런 것까지 추리해 내다니 말이야. 맞아, 내가 보기에는 소크라테스 죄목들은 상당한 근거가 있는 것으로 보여. 첫째는 소크라테스가 아테네 시민들에게 불온한 사상을 주입했다는 것이고, 둘째는 소크라테스가 아테네 시민들이 믿는 신을 믿지 않고 괴상망측한 신을 믿는다는 것이야.

혜지 소크라테스 철학이 본질주의라는 것은 알지만, 그것이 왜 독배를 마시고 죽어야 할 만큼 중대한 사회적 범죄인지는 좀 이해가 안 되네요.

강 샘 음, 소크라테스가 그런 철학을 가졌다는 이유만으로 고발당하고 사형을 당했다면 그것이야말로 정말 잘못이지. 민주주의 아테네에서 사상의 자유를 억압한 게 되니까 말이야. 하지만 그런 소크라테스 철학에 영향을 받은 제자들이 구체적으로 정치적 행동을 한다면 분명히 소크라테스에게도 책임이 돌아갈 수밖에 없지.

혜지 강 샘 말씀대로라면 소크라테스 제자들이 그의 철학에 영향을 받아 구체적으로 정치적 행동을 했고, 그것이 아테네 민주주의에 반하는 일이었다는 거네요.

강 샘 하, 혜지가 이제는 하나를 가르쳐 주면 둘을 대답하는군.

혜지 그럼, 두 번째 죄목으로 넘어가지요. 그런데 확실히 두 번째 죄목은 소크라테스가 무죄인 거 같아요. 『소크라테스의 변명』을 보면, 소크라테스는 자신이 신을 믿지 않는다는 것은 얼토당토아니한 말이라고 극구 부인하거든요.

강 샘 표면적으로는 그렇게 보이지. 하지만 이 두 번째 죄목도 상당히

일리가 있어. 소크라테스는 어떤 신의 신탁을 받고, 그 신탁에 따라 아테네 시민들과 줄기차게 대화를 나누거든. 그 대화가 아테네 시민들에게 엄청난 고통을 주는데도 소크라테스는 절대 멈추지 않아. 심지어 재판정에서조차 소크라테스는 배심원들을 괴롭힐 듯이 덤빈단 말이야.

혜지 그러고 보니 저도 그 점이 좀 이상했어요. '소크라테스가 왜 저러지? 계속 저러다간 배심원들 화만 돋울 텐데.' 하면서 그 대목을 읽었어요. 물론 '소크라테스는 죽음 앞에서도 의연하구나!'라는 생각도 했지만요.

안타깝게도 소크라테스는 고대 아테네 시민들에게서 공감을 얻지 못한다. 그는 최선을 다해 논리적인 근거를 대며 대화하거나 토론하려고 하지만, 그의 시치미를 떼는 방법(에이로네이아)은 아테네 시민들의 공분(公憤)만 살 뿐이다. 이런 면에서 소크라테스는 고발당해 독배를 마시기 이전에 이미 아테네 시민들의 불만과 분노를 충분히 축적해 놓은 상태다. 마침내 소크라테스는 좀 이상한 소피스트로 고발당한다. 그가 늘 공격한 바로 그 소피스트들과 같은 부류로 취급되어 고발당하는 지경에 이른다. 그 죄목은 아테네 청년들을 타락시킨다는 것과 아테네 폴리스의 신들을 믿지 않는다는 것이다. 즉, 그는 아테네 청년들에게 불온한 사상을 심어서 아테네 폴리스 공동체를 와해시킨다고 의심받으며, 아테네 폴리스의 신들을 믿지 않아서 폴리스 공동체 구성원으로서 가져야 할 공통의 믿음, 결속력이 없다고 인정된 것이다.

그렇다면 정말 소크라테스는 아테네 청년들에게 불온한 사상을 심었을까? 소크라테스가 매우 사랑한 제자 알키비아데스를 보면 어느 정도 짐작은 할 수 있다. 알키비아데스는 10대 때부터 유명했다. 아주 잘생긴 외모에 신체가 강인하여 아테네의 무수한 귀족들이 멘토(mento)가 되기를 자청한다. 그 무수한 구애(求愛)를 다 뿌리치고 알키비아데스는 기꺼이 소크라테스를 자신의 멘토로 삼는다. 알키비아데스가 아테네 시민들이 대체로 싫어하는 소크라테스의 멘티(menti)가 됨으로써 아테네 시민들은 알키비아데스를 원망하기보다는 소크라테스를 원망한다. 그러니까 소크라테스가 불온한 사상을 아테네 청년에게 심었다기보다 저렇게 못생긴 소크라테스를 꽃미남인 알키비아데스가 사랑하는 것을 보니, 분명 소크라테스가 불온한 사상과 철학으로 그를 홀린 것이 분명하다고 믿은 것이다.

이런 와중에 알키비아데스는 스파르타와 펠로폰네소스 전쟁 중에 스파르타로 전향해 버린다. 평소 알키비아데스를 낚아챈 소크라테스에게 좋지 않은 감정을 보이던 아테네 귀족들 입장에서는 이 사태를 수수방관할 수만은 없다. 게다가 실제로 소크라테스는 공공연하게 아테네 민주주의에 반하는 설교를 한다. 세계의 근원(아레테), 본질을 찾고자 하는 그의 사유 지향점은 아무래도 민주적이거나 수평적이기보다는 계급적이거나 수직적이다. 스파르타 군주정에 맞는 철학이다. 이것이 그의 애제자 알키비아데스가 아테네를 떠나 스파르타로 전향하게 만든 것은

크리티아스

아닌지 아테네 시민들은 의심하지 않을 수 없다.

소크라테스가 고발될 수밖에 없는 이유는 또 있다. 그의 또 다른 제자 크리티아스 때문이다. 크리티아스는 소크라테스 제자이기도 하지만, 플라톤 외가 쪽 친척이다. 플라톤 어머니의 사촌이므로 플라톤에게는 외종숙, 그러니까 외가 쪽 오촌 아재다. 플라톤은 아테네 마지막 왕의 후손이고, 플라톤 어머니 집안도 대단한 귀족이다. 플라톤 어머니는 페리클레스 친구와 재혼까지 했으므로 소크라테스는 아테네의 전통적인 왕족, 귀족의 후손들을 제자로 둔 셈이다. 그런 플라톤과 크리티아스는 사실 아테네의 민주주의를 별로 탐탁지 않게 생각한다. 왕족 출신으로서 과거 왕정 체제를 회복시키는 것이 그들의 꿈이었을지도 모른다. 그리고 이런 제자들에게 소크라테스가 그에 합당한 가르침을 베풀지 않았을까 의심스럽기도 하다.

그것이 하나의 사건으로 드러난 것은 펠로폰네소스 전쟁에서 아테네가 진(기원전 404년) 후다. 크리티아스는 스파르타를 등에 업고 참주 30

명 중 1명이 된다. 그리고 민주주의 체제를 찬성한 무수한 사람을 죽인다. 크리티아스가 하루 동안 죽인 민주 인사가 1000명을 넘을 때도 있었다. 그는 민주정 이전으로 되돌려서 플라톤 집안의 영광을 부활시키고자 하는 간절한 열망으로 그렇게 했을지도 모른다. 그러나 8개월을 버티지 못하고 도망치고 만다. 스파르타가 자국 사정으로 식민지 아테네에서 군대를 철수시키자 숨어 있던 민주 인사들이 쿠데타를 일으켜서 성공했기 때문이다. 크리티아스와 같은 반동 세력을 가르친 소크라테스는 정말 아무런 책임이 없을까?

소크라테스는 자신이 아테네 청년들에게 불온한 사상을 심지 않았다고 말한다. 자신은 오직 아테네 청년들이 자신 속에 있는 아레테가 무엇인지 깨닫도록 도와주었을 뿐이라는 것이다. "나는 재산에서는 미덕이 생기지 않지만, 미덕에서는 재산과 그 밖에 개인이든 국가든 사람에게 좋은 모든 것이 생겨난다고 말합니다. 내가 이런 말로 젊은이들을 타락시킨다면, 내 조언은 해로운 것이겠지요."(30b) 하지만 소크라테스의 이 말을 들은 아테네 시민들은 일제히 야유를 보낸다. 아테네 시민들은 왜 고발을 당했는지 소크라테스가 모르는지, 아니면 모른 척하는지 알 수가 없다.

소크라테스가 고발을 당한 또 다른 이유는 겉보기에는 타당하지 않아 보인다. 즉, 소크라테스는 아테네 시민들이 믿는 신을 믿지 않는다고 볼 수 없다. 자신의 친구가 자기 대신 델포이 신탁을 받고 난 후 소크라테스는 그 신탁에 따른 사명을 완수하려고 한다. 아테네 시민들에게 꼬치꼬치 캐물어서 스스로 무지하다는 것을 깨닫도록 하는 일이 바로 그 사명이다. 법정에 서서도, 그리고 사형 선고가 내려져도 결코 그 사명을 포기할 수 없다고 말한다. 이런 여러 사례로 볼 때 소크라테스는 무신론자가 아니다. 오히려 그는 웬만한 아테네 시민보다 더 철저하게 신의 뜻을 따른다.

최초에 소크라테스를 고발한 멜레토스, 아니토스, 리콘 등은 사형을 요구한다. 이런 고발인이 요구한 바에 따라 배심원들은 약 280:220의 비율로 유죄 판결을 내린다. 하지만 피고 소크라테스 측에서 항소를 했고, 그 항소가 받아들여진다. 항소 재판에서 소크라테스는 배심원들 앞에서 공개적으로 자신을 변론한다. 그는 당당하게 자신이 오히려 아테네 폴리스에 큰 공헌을 했다고 주장한다. 이렇게 큰 공헌을 했는데 죄인으로 법정에 세우다니 있을 수 없는 일이라고 강하게 변론한다.

"아테네인 여러분, 진실로 내가 받아 마땅한 것을 제의해야 한다면 그것은 어떤 혜택이어야 합니다. 그것도 나에게 합당한 혜택이어야 합니다. 여러분을 타이르기 위해 여가 시간을 다 쓰는 가난한 은인에게 무엇이 합당할까요? 아테네인 여러분, 그런 사람에게는 폴리스 청사에서 무료로 식사를 제공하는 것보다 더 합당한 일은 아무것도 없습니다. 올림피아 경기에 나가 경마나 쌍두마차나 사두마차 경주에서 우승한 사람보다 더 큰 대접을 받아야 합니다. 우승자는 단지 여러분이 행복하도록 착각하게 만들지만 나는 여러분 자신을 진정으로 행복하게 만들며, 우승자는 먹

을거리가 부족하지 않지만 나는 부족하기 때문입니다."(『소크라테스의 변명』, 36d-e)

소크라테스가 한 이런 주장이 법정의 배심원들을 격분시킨 것은 당연하다. 배심원 501명 가운데 361명이 소크라테스를 사형시키는 것에 찬성한다. 아테네 관습에 따라 그에게는 한결 더 가벼운 형량을 제의할 수 있고, 재판관(배심원)들은 그 둘 중에서 선택을 해야 한다. 그렇지만 소크라테스는 자신은 죄인이 아니라 아테네에 은혜를 베푼 사람이며, 자신에게는 폴리스 특권을 내려야 한다고 우긴다. 게다가 자기는 벌금을 낼 돈이 없다고 말한다. 플라톤 및 다른 친구들이 간곡히 타일러서 겨우 소크라테스가 벌금을 내는 것으로 일단락을 짓지만, 이 대목에서 소크라테스는 자신의 이른바 아테네 청년들을 '타락시키는' 활동을 중지하지 않겠노라고 말한다. 이런 활동이 소크라테스 자신에게는 목숨보다도 더 중요한 일이기 때문이라는 것이다. 그의 이런 발언이 또다시 재판관들을 분노하게 하고, 배심원 다수를 적대적이게 만든다. 그는 감옥으로 보내져 사형 집행을 기다릴 수밖에 없다.

소크라테스는 아예 죽임을 당하려고 작정한 사람처럼 보인다. 아테네 민주정 안에서 스파르타 군사 독재 체제를 찬양하는 설교를 한다든가, 다원주의보다는 본질주의를 지향한다든가, 법정에 서서도 자신을 변호하기보다는 배심원들의 심기를 건드리는 발언을 마구 쏟아내는 등 더욱 화를 부추긴다. 한편으로 소크라테스를 죽음조차 두려워하지 않고 자신의 철학적 소신을 굽히지 않은 철학자라고 칭찬할 수도 있다. 그러나 다른 한편으로는 잘못된 신념으로 스스로를 죽음의 구렁텅이로 내몬 우둔한 자라고 비웃을 수도 있다. 아테네 시민들이 죽인 것이 아니라, 자신을 죽이도록 소크라테스 스스로 부추긴 것은 아닐까?

이런 점들을 보면 소크라테스의 두 번째 죄목도 타당해 보인다. 소크라테스는 죽을힘을 다해 자신이 믿는 다이몬 신의 뜻을 받든다. 그가 믿는 신이 아테네 시민들을 괴롭히라고 명령을 내렸으므로, 아테네 시민들이 너무 귀찮고 성가셔 소크라테스를 죽이고 싶을 만큼 괴롭히라고 사명을 부여했으므로 소크라테스는 실제로 그렇게 한다. 소크라테스가 믿는 신이 아테네 시민들을 괴롭히라고 하는 것을 보면, 다이몬은 분명히 아테네 시민들과는 적대적 관계에 있는 것처럼 보인다. 게다가 자기를 믿는 신자인 소크라테스가 죽든지 말든지, 아테네 시민이 고통스러워하든지 말든지 상관하지 않는 것을 보면 좀 기괴망측한 신이 아닐 수 없다.

3

소크라테스 최후 변론을 하다
: 『소크라테스의 변명』으로 본 진실 또는 거짓

강 샘 혜지야, 오늘은 『소크라테스의 변명』을 한번 훑어볼까?

혜지 네, 좋아요. 그렇잖아도 강 샘이 말씀하신 것을 확인해 볼 겸 읽으려고 했어요.

강 샘 하하. 혹시 내가 소크라테스에 대해 한 말을 의심하는 것은 아니겠지?

혜지 아니에요. 강 샘을 믿어요. 하지만 강 샘한테서 배운 것을 직접 제 눈으로 확인해 보고 싶어요.

강 샘 그렇지. 아무리 훌륭한 선생에게서 배운다고 해도 원전을 직접 읽는 것만큼 좋은 공부는 없지. 그리고 혜지 네가 나를 의심하는 것을 막고 싶지도 않아. 오히려 더 적극적으로 나를 의심해 주길 바라. 그 의심하는 힘이야말로 새로운 것을 창조할 수 있거든.

혜지	아, 네. 강 샘이 그렇게 말씀해 주시니 한결 제 마음이 편하네요. 사실 의심이 들지 않는 것은 아니었어요. 제가 이미 알고 있는 것들과 내용이 너무도 다른 것들이 많았으니까요.
강 샘	그러게. 나도 소크라테스 원전을 직접 보면서 내 눈을 의심했단다. 과연 내가 알고 있는 그 소크라테스가 맞나 싶어 처음에는 엄청 혼란스러웠어.
혜지	그렇겠어요.
강 샘	『소크라테스의 변명』을 직접 읽어 보면서 내가 느낀 소크라테스는 뭔 줄 아니?
혜지	뭔데요?
강 샘	소크라테스는 비장한 성인이기보다 과대망상에다 메시아 콤플렉스에 사로잡힌 사람이 아닐까 하는 생각이 들었어.
혜지	정말 심각하군요.

"아테네인 여러분! 캐물음으로 말미암아 저에게 많은 증오심이 생겼는데, 그것도 아주 고약하고 심각한 것들이어서 마침내는 많은 비방이 생겨났으며, 소피스트라는 이름으로 불리게도 된 것입니다."(23a) 이런 말을 하는 것을 보면 소크라테스는 자신이 왜 아테네인들에게서 미움을 받는지, 그리고 왜 고발을 당했는지 모르지는 않는 것 같다. 소크라테스는 아테네인들을 대상으로 지나치게 까칠하게, 의뭉스럽게 캐물어 아테네인들에게서 엄청난 미움을 받았다는 것을 어렴풋이 알고 있다.

"젊은이들이 자진해서 저를 따라다녔는데 […] 다른 사람들한테 캐묻기를 시도하고 있습니다. 그렇게 되니 자신들은 대단한 것을 알고 있다고 생각하지만, 아는 것이라곤 별로 없거나 전혀 없는 숱한 사람을 이들이 발견하는 것이라고 생각합니다. 어쨌든 이렇게 해서 이들한테 캐물음을 당한 사람들은 저한테 화를 내지 이들한테는 그러지 않거니와, 그들은 또한 말하기를 소크라테스라는 자는 지극히 혐오스런 자이며 젊은이들을 타락시키고 있다고 합니다."(23d) 소크라테스는 도대체 얼마나 집요하게 아테네 시민들을 향해 캐물었을까? 아테네 시민들은 얼마나 넌덜머리가 났을까? 오죽하면 소크라테스가 불온한 사상을 아테네의 청년들에게 심어 아테네 민주주의를 타락시킨다고 고발했을까? 그런데 소크라테스는 왜 그렇게 아테네 시민들을 고통스럽게 하는 대화를 멈추지 않고 집요하게 질문을 퍼부었을까?

"소크라테스는 젊은이들을 타락시키고, 나라가 믿는 신들을 믿지 않고 다른 새로운 영적인 것들을 믿음으로써 죄를 범하고 있다고 합니다."(24b), "내가 본의 아니게 그들을 타락시키는 것이라면, 이 본의 아닌 과오 때문에 사람을 피고인으로 법정에 세울 것이 아니라 개인적으로 옆으로 데려가 가르치고 훈계하는 것이 정당한 조치가 아니겠소. […] 법은 가르침이 필요한 사람을 처벌하는 것이 아니라 벌을 받아야 할 사람을 법정에 세우기를 원하는데 말이오."(26a)

'아테네 청년을 타락시킨 죄'에 소크라테스는 무죄를 주장한다. 소크라테스 자신에게는 아테네 청년들을 타락시키려는 의도가 전혀 없다.

그러므로 소크라테스 본심과는 상관없이 자신의 강의를 들은 아테네 청년들이 타락했다면 이 과실을 저지른 점에 대해 조용히 타이르면 된다는 것이다. 마치 중죄를 저지른 사람처럼 법정에 세울 일이 아니지 않느냐는 것이다. 이것을 보면 소크라테스는 결코 자신의 잘못을 인정하지 않는 범죄자라고 할 수도 있다.

"내가 그대의 말처럼 초인간적인 존재를 믿는다면, 그리고 초인간적인 존재가 일종의 신들이라면, [⋯] 그대는 처음에 내가 신들을 믿지 않는다고 했다가 이번에는 내가 초인간적인 존재를 믿으니 신들을 믿는다고 다시 말하기 때문이오."(27d) 멜레토스, 아니토스, 리콘 등이 소크라테스를 고발한 또 다른 이유는 아테네 폴리스가 믿는 신들을 믿지 않았다는 것이다. 소크라테스가 신을 믿는 것 같기도 하고 믿지 않는 것 같기도 한데, 어쨌든 아테네 폴리스가 믿는 신을 믿지 않는 것은 분명하다며 고발한다. 이것에 소크라테스는 매우 예리하게 그들의 논리적 모순을 지적한다. 소크라테스가 초인적인 존재를 믿는다고 말하면서 신을 믿지 않는다고 말하는 것은 자가당착이라고 말한다. 하지만 이것은 소크라테스의 연막전술이다. 소크라테스는 분명히 아테네인들을 괴롭히라고 명령하는 요상한 신을 믿었으니 말이다.

"내가 유죄 판결을 받는다면 그것은 멜레토스도 아니토스도 아니고, 많은 사람의 편견과 시샘 때문일 것입니다. 바로 이런 이유로 죄 없는 많은 사람에게 유죄 판결을 내렸고, 앞으로도 그럴 것입니다."(28a) 소크라테스가 보기에 아테네 사법 제도는 공정하지 않다. 객관적으로 저지른

죄를 바탕으로 그 죄질만큼 형벌을 내리는 것이 아니라 법관이나 배심원들의 주관적 감정, 즉 편견이나 시기심, 질투심 등이 처벌에 결정적 영향을 미친다고 본다. 이렇게 공정하지 못한 사법 제도로는 결코 아테네 폴리스 정의를 세울 수 없다. 그런데 무려 배심원 501명이 판결에 참여했음에도 이 재판이 객관적이고 공정하지 못하다고 말한다면 설득력이 떨어지지 않을까?

"내가 나중에 나 자신과 남들을 탐구하며 철학자의 삶을 살도록 하라고 신께서 정해 주셨는데 […] 죽음이나 그 밖의 다른 것이 두려워서 내 자리를 뜬다면, 나는 심한 자기모순에 빠지게 될 것입니다. […] 실로 죽음을 두려워한다는 것은 지혜롭지도 않으면서 스스로 지혜롭다고 생각하는 것에 지나지 않습니다. 그것은 자기가 모르는 것을 안다고 생각하기 때문입니다. 죽음이 인간에게 사실은 최대 축복이 아닌지 아는 사람은 아무도 없습니다. 사람들은 죽음이 인간에게 최대 불행이라는 것을 확실히 아는 양 죽음을 두려워합니다. 모르는 것을 안다고 생각하는 이런 무지야말로 가장 비난받아 마땅한 무지가 아니겠습니까?"(29a)

소크라테스가 하는 말대로라면 죽음을 두려워하는 것은 지혜를 사랑하는 자로서 할 짓이 못 된다. 하지만 그렇다고 악법을 잘못 집행한다는 것을 아는데도, 부당한 법 집행을 피할 수 있는데도, 그래서 죽지 않을 수 있는데도 순순히 죽음을 받아들이는 것은 납득할 수 없다. 정말 지혜를 사랑한다면, 지혜를 더욱 오래 탐색하고자 한다면 부당하게 죽음을 집행하려는 악법에 저항해야 하지 않을까? 그리고 보면 소크라테스는 죽음도 불사하고 철학적 신념을 지켰다기보다는 죽음을 철학자가 맞이할 최대의 축복이라고 생각하고서 순순히 독배를 마셨는지도 모른다.

"제가 살아 있는 동안은, 할 수 있는 동안은 지혜를 사랑하는(철학하는) 것도, 여러분에게 충고를 하는 것도, 그리고 언제고 여러분 가운데 누구를 만나든 이 점을 지적하는 것을 그만두지 않을 것입니다."(29d), "이것 보세요! 당신은 아테네인이오. 당신의 도시는 가장 위대하고 지혜롭고 강력하기로 명성이 자자하오. 그렇거늘 부와 명예와 명성은 되도록 많이 획득하려고 안달하면서 지혜와 진리와 당신 혼이 최선의 상태인 것에는 관심도 없고 생각조차 하지 않다니 부끄럽지 않소?"(29d-e)

소크라테스는 지혜를 사랑하고, 올바름을 따르고, 명성이나 명예나 재물을 멀리하고자 한다. 그것이 위험한 길이라고 하더라도 그 길을 가고자 한다. 소크라테스의 이런 비장미 넘치는 태도가 그를 성인으로 만들었을 것이다. 하지만 안타깝게도 소크라테스 스스로 올바르고 지혜로운 길이라고 생각하는 바가 정말로 올바르고 지혜로운 길인지는 의심할 수밖에 없다.

"아테네인 여러분, 야유하지 마십시오. 내가 부탁드린 대로 야유하지 마시고, 내 말에 귀 기울여 주십시오. 그렇게 하시는 것이 여러분에게 유익할 것이라고 생각합니다. 나는 이번에 여러분에게 다른 것을 말씀드리려고 하는데, 아마도 듣고 고함을 지르시겠지요."

소크라테스가 한 이 말에서 당시 법정 분위기를 짐작할 수 있다. 현대인은 소크라테스를 성인으로 추앙하지만, 당시 아테네 시민들은 얼토당토아니한 궤변을 늘어놓는 소피스트로 본다. 그가 하는 말 하나하나가 조금도 호응할 수 없는 이상한 말이다. 그런데도 소크라테스는 죽음을 무릅쓰고라도 자신이 하던 일을 계속하겠다고 말한다. 완전히 '똥고집'이자 '편집증'이지 성인으로서 신념이라고 해서는 안 된다. 그가 하던 일은 아테네 시민들을 괴롭히는 일이었기 때문이다.

"아테네인 여러분! 내가 이 나이에 이 나라에서 추방되어 이 도시, 저 도시로 옮겨 다니다가 매번 추방당하면서 여생을 보내기를 바라시나요? 내가 어디로 가든 젊은이들이 여기에서처럼 내 대화를 들으리라는 것을 나는 잘 알고 있습니다. […] 아마 누군가 말하겠지요. '소크라테스여! 당신은 우리 곁을 떠나 침묵을 지키며 조용히 살면 좋겠소.' 이것을 여러분 가운데 몇몇 분에게는 납득시키기가 어렵습니다."(37d-e)

소크라테스에게 아테네 폴리스와 자신의 목숨 중 어느 것이 더 소중할까? 그에게는 아테네 폴리스에 머무는 것, 그리고 아테네 청년들에게 끝없이 캐묻는 것 등이 자신의 목숨보다 더 소중하다. 아테네 폴리스를 떠나 다른 폴리스로 망명을 가는 것은 죽음보다 싫은 치욕이다. 왜 이토록 아테네 폴리스에 집착할까? 어쨌든 그의 이런 비장함은 지나치게 무겁다. 기쁘고 행복하게 살아가는 것이 가장 인간답게 사는 방법이라고 생각하는 당시 아테네인에게는 소크라테스의 이런 비장함이 지나치게 낯설다.

"결국 유죄 판결을 받은 것은 내가 말을 잘 못해서가 아닙니다. 배짱이 두둑하지 못하고 뻔뻔하지 못하기 때문입니다. 여러분이 가장 듣고 싶었을 말투로 내가 말하지 않았기 때문입니다. 나는 여러분 앞에서 절대 울며불며 애원하지 않았습니다. 그런 것은 내게 어울리지 않으니까요. 이런 짓이 다른 피고인에게는 익숙한지 모르지만요. 아마 나도 이런 짓을 했다면 여러분이 좋아했겠지요. 나는 아무리 위험이 닥쳐도 그런 짓은 절대 하지 않을 것입니다. 그런 짓거리를 하며 목숨을 구걸하느니 차라리 죽는 것이 나에게는 훨씬 낫기 때문입니다."(38c)

소크라테스가 어둡고 무거운 신념을 가진 것도 아테네인 입장에서는 마음에 들지 않는데, 그가 이제는 법정에 있는 아테네인들을 싸잡아 비난한다. 아테네인들은 목숨을 구걸하려고 울며불며 아부와 아첨을 떠는 사람들을 좋아해서 그런 짓을 하면 당장 무죄 방면한다는 것이다. 그리고 소크라테스 자신은 절대 그런 짓을 하지 않을 것이며, 차라리 죽겠다고 말한다. 소크라테스의 패기는 대단하다. 하지만 자신만 정의롭고 용기가 있으며 도덕적으로 올바르다고 말하는 것은 과대망상이 매우 심하다고 볼 수밖에 없다. 아테네에 이렇게 얍삽한 인간들만 있겠는가? 소크라테스는 마지막 죽는 순간까지 최선을 다해 아테네 시민들의 심기를 건드린다.

"내 아들들이 장성했을 때 미덕보다 돈이나 그 밖의 다른 것에 관심이 더 많다 싶으면, 내가 여러분에게 안겨 준 것과 똑같은 고통을 그 아이들에게 안겨 줌으로써 복수하십시오. 그리고 그 아이들이 아무것도 아니면서 젠체하면 내가 여러분을 나무랐듯이, 해야 할 일은 소홀히 하고 아무짝에도 쓸모없으면서 자신들이 쓸모 있다고 생각한다고 나무라

주십시오."(41e)

　소크라테스는 자신이 이 죄목으로 죽는 것도 억울할 터인데, 죽고 나서 자신의 자식들이 성인답지 못한 짓을 하면 자신에게 한 처벌과 똑같은 처벌을 내려 달라고 마지막 말을 한다. 아테네 법이 공정하지 못하고 부당하게 집행된다는 것을 인정하면서 이 처벌을 자식들에게도 내려 달라는 것은 모순이다. 소크라테스는 어쩌면 성인 콤플렉스 또는 메시아 콤플렉스에 사로잡힌 사람이 아니었을까? 이런 소크라테스가 죽으면서 자식들에게까지 자신의 철학을 고집하고 관철하고자 하는 모습을 어떻게 이해해야 할까? 소크라테스는 정말 성인일까?

4

소크라테스는 '악법도 법이다'고
말하지 않았다?

강 샘   혜지야, 드디어 우리 공부도 막바지에 이르고 말았구나. 이번에
다룰 마지막 주제는 소크라테스의 유언으로 할까?

혜지   아, 그 유명한 "악법도 법이다."라고 말한 소크라테스 유언을 다
루자는 것이지요?

강 샘   그래, 맞아. 소크라테스는 정말 독배를 마시기 전에 "악법도 법이
다."라고 말했을까?

혜지   당연히 그렇게 말하지 않았나요? 설마 이것까지 왜곡한 것은 아
니겠지요?

강 샘   소크라테스 죽음과 관련된 플라톤의 대화편은 『소크라테스의 변
명』, 『크리톤』, 『파이돈』 3개야. 그런데 이 세 대화편을 아무리 읽
어 보아도 소크라테스가 "악법도 법이다."라고 말한 구절은 그 어

디에도 없어.

혜지 오 마이 갓! 정말이에요? 그것이 사실이라면 도대체 난 소크라테스에 대해 뭘 배운 거지? 단 하나도 제대로 알고 있는 것이 없네요.

강 샘 너무 자책할 필요 없어. 아마 너뿐만 아니라 한국인 대부분이 그럴 테니까.

혜지 정말 소름이 끼쳐요. 강 샘과 제가 만나서 이런 공부를 하지 않았다면 저도 다른 사람처럼 잘못된 소크라테스 이미지를 간직한 채 영원히 살았을 테니까요.

강 샘 그랬겠지. 사실 나 자신도 소피스트와 소크라테스를 제대로 안 지 얼마 되지 않아. 심지어 철학 전공자 중에도 오해를 하고 있는 사람이 있을 정도니까 꽤나 심각하지.

혜지 아니, 그렇다면 소크라테스는 "악법이 너를 억압하면 그에 기꺼이 저항하라!"라고 말했나요? 소크라테스가 가진 성향으로 보아서는 이렇게 말했을 것 같진 않은데.

강 샘 와, 이제 혜지의 날카로운 안목을 부러워해야 할 지경이군. 그래, 맞아. 소크라테스는 "악법도 법이다."라고 말하지 않았어. 그렇다고 네가 예상한 것처럼 "악법이 너를 억압하면 그에 기꺼이 저항하라!"라고 말하지도 않았지.

혜지 그럼, 도대체 뭐예요? 소크라테스는 무슨 말을 하고 죽었나요?

강 샘 소크라테스가 "악법도 법이다."라고 말한 적은 없지만, 소크라테스라면 이 말을 충분히 하고도 남을 철학자야. 그것이 문제야.

혜지 "악법도 법이다."라고 말하지는 않았으나, 충분히 이렇게 말하고
도 남을 철학자다. 정말 아리송하네요. 소크라테스는 끝까지 저
를 헷갈리게 하는군요.

결론부터 미리 말하자면 소크라테스는 "악법도 법이다."라고 말한
적이 없다. 소크라테스 죽음과 관련된 플라톤의 대화편은 『소크라테스
의 변명』, 『크리톤』, 『파이돈』이다. 그 세 대화편 어디를 찾아보아도 그
가 말을 한 대목은 나오지 않는다. 그런데도 우리나라 교과서, 교사들에
게는 너무나 당연한 말로 인식되니 참으로 심각한 조작과 왜곡이다.

소크라테스가 독배를 마시고 숨지기 전에 한 것으로 알려진 "악법도
법이다."라는 말은 원래 고대 로마의 법률 명언에 있다. "법은 엄하지만
그래도 법이다."가 바로 그것인데, 이에 해당하는 라틴어 "두라 렉스,
세드 렉스"에서 "악법도 법이다."라는 말이 나온다. 이 말을 두고 2세기
경 로마 법률가 도미티우스 울피아누스는 이렇게 풀이한다. "이는 실로
지나치게 심하다. 그러나 그것이 바로 기록된 법이다."

소크라테스가 이 말을 한 것으로 와전되는 단초를 제공한 사람은
일제 강점기 경성제국대학교 교수인 '오다카 도모오'다. 1937년에 펴
낸 『법철학』에서 이 법언을 인용하면서 그는 소크라테스가 독배를 마시
고 죽은 것은 실정법을 존중했기 때문이라고 말한다. 그리고 소크라테
스를 대신하여 오다카 도모오는 '악법도 법이므로 지켜야 한다'고 주장
한다. 그런 점에서 '악법도 법이다'는 바로 일제 강점기 경성제국대학교

오다카 도모오, 그는 일제 식민 지배를 정당화하려고 소크라테스가 죽기 전에 "악법도 법이다."라고 한 것처럼 말했다.

교수인 오다카 도모오의 주장인 셈이다.

　그런데도 아직도 한국에서는 소크라테스가 이 말을 한 것으로 당연시한다. 심지어 학교에서 교사들조차 이 말을 소크라테스가 했다고 가르친다. "소크라테스 같은 성인도 '악법도 법이다'는 말을 하고 법의 명령에 따라 기꺼이 독배를 마셨다. 그러니까 아무리 법이 잘못되었다고 하더라도 그것을 따라야 하는 것은 당연하다." 특히 군사 정권 시절에는 더더욱 이 말을 자신들의 정권을 정당화하는 근거로 자주 가져다 썼다. 게다가 시오노 나나미가 『로마인 이야기』에서 소크라테스가 이 말을 한 것처럼 부각시키면서 더욱 진실로 굳어 버렸다.

　참으로 우스운 일은 오다카 도모오는 '악법도 법이다'는 말을 소크라테스가 했다고 기술하지 않았다는 것이다. 그는 단지 소크라테스 사례를 거론하며 로마 법언을 인용하여 '악법도 법이므로 지켜야 한다'고 주장했을 뿐이다. 이렇게 왜곡한 것은 오다카 도모오 밑에서 법철학을 공부한 황산덕 등 법학자들이다. 그들은 경성제국대학교에서 식민지 학생으로 일본 교수에게서 배운 것을 더욱 왜곡시켜 마치 소크라테스가 직접 이렇게 말한 것처럼 유포했다. 그리고 그것을 그대로 받아 적은 일선 교사들이 수십 년 동안 학생들을 가르쳤다.

그렇다면 소크라테스는 죽기 전에 어떤 말을 했을까? 그리고 그는 어떤 이유에서 독배를 스스로 마셨을까? 첫째, 소크라테스는 자신의 철학과 반대되는 행동을 할 수 없었다. 소크라테스는 평생 아테네 젊은이들에게 '용기란 무엇인가?', '정의란 무엇인가?', '경건함이란 무엇인가', '아름다움이란 무엇인가?'라며 질문하고 대화한다. 그 주제들은 대부분 한 인간의 윤리적인 삶과 관련되어 있다. 즉, 소크라테스는 이런 대화를 함으로써 아테네 청년들이 윤리적 삶의 의미를 깨달아서 실천하기를 바란다.

소크라테스가 스스로에게 떳떳하지 못한 짓을 한다면 아테네 청년들에게 가르친 바와 모순되는 행동을 자신이 하는 셈이다. 아테네 법이, 그리고 아테네 시민이 자신에게 독배를 마시라고 명령했는데 그 명령을 따르지 않는 것은 자신과의 윤리적인 약속을 깨는 것이다. 죽음이 가로막더라도 스스로 옳다고 믿는 윤리적 삶의 길을 포기해서는 안 된다고 아테네 젊은이들에게 가르친 사람이 소크라테스인데, 그것을 깰 수는 없다.

"대중이 동의하건 동의하지 않건, 우리가 지금보다 더 심한 고초를 겪건
더 가벼운 고통을 겪건 불의한 짓을 저지르는 것은 불의한 짓을 저지르는
자에게 어떤 경우에도 나쁘고 부끄러운 짓이지 않나?"(『크리톤』, 49b)

소크라테스는 살려고 도망치는 짓은 정의에 어긋난다고 생각하며,
정의에 어긋나는 짓을 하는 것은 아테네 청년에게 자신이 가르친 바와
모순되는 행동이라고 생각한다. 이렇게 모순되는 행동을 하면 스스로
자신의 철학을 부정하는 것이 된다. 인간 영혼에는 선함, 올바름 등 아레
테가 있는데, 이성적 사유로 그것을 알게 되면 누구나 선하고 올바른 삶
을 실천한다는 자신의 철학을 차마 부정할 수 없었던 것이다.

둘째, 소크라테스는 아테네 폴리스를 떠난 적이 없는데, 아테네 폴리
스는 자신에게 죽음을 명령하므로 죽을 수밖에 없다고 생각한다. 소크
라테스가 아테네에서 태어나서 70년을 계속 살았다는 것은 스스로 생각
하기에 아테네 폴리스의 국법을 지키기로 암묵적으로 약속한 것이나 마
찬가지라고 본다. 아테네가 주는 혜택을 70년 가까이 누렸으니 아테네
폴리스가 국법에 따라 죽으라고 명령하면 죽어야 한다는 것이다.

"소크라테스, 우리에게는 우리도 국가도 그대 마음에 들었다는 유력한
증거들이 있네. 이 도시가 그대 마음에 썩 들지 않았다면, 그대는 모든 아
테네인 중에서 유별나게 시종일관 이곳에 머물지는 않았을 테니 말일세.
그대는 이스트모스에 딱 한 번 간 것 말고는 축제를 구경하려고 우리 도

시를 떠난 적이 없으며, 군복무 이외의 다른 목적으로 외지에 간 적도 없네. 그대는 남들처럼 국외 여행을 한 적이 없으며, 다른 국가와 다른 나라 국법을 알고 싶어 하지도 않았네. 그대는 우리와 우리 국가로 만족했으니까. 그대는 이처럼 단호히 우리를 택했고, 시민으로서 모든 활동에서 우리를 준수하기로 합의했다네. […]"(『크리톤』, 52b-c)

이런 생각이 현대인에게는 잘 이해가 되지 않지만, 소크라테스가 살았을 당시 사정을 알면 수긍할 수 있다. 당시 한 폴리스 구성원 수는 적게는 몇 천 명, 많게는 몇 만 명 수준이었다. 그중 시민권을 가진 30세 이상의 성인 남성은 더 적다. 그래서 시민권자인 성인 남성은 폴리스 명령에 절대복종해야 한다는 불문율이 있었다. 이런 불문율이 없다면 폴리스 체제는 유지할 수 없다. 무수한 외적의 침입에 대항하여 소수 시민만으로 전쟁에서 이길 수 있는 방법은 그 외적보다 훨씬 강한 내적 결속력이다. 폴리스 명령에 따라 말없이 일사불란하게 수행하는 시민이 있었기에 외적을 막아 내고 폴리스를 지킬 수 있다. 소크라테스도 이런 불문율을 '습관처럼' 받아들인 것으로 보인다.

소크라테스는 자신이 아테네의 국가 사회 공동체에 살면서 이미 그 공동체의 명령이라면 무조건 따르겠다고 암묵적으로 동의했으므로, 지금 내려진 명령인 '죽음'도 따라야 한다고 생각한다. 아테네 공동체의 보살핌을 받아서 이만큼 살았으니 그 아테네 공동체 은혜에 보답하기 위해서라도 공동체 명령에 기꺼이 따르겠다는 것이다. 흔히 이런 소크라테스 태도가 오해를 불러일으킨다. 즉, 소크라테스가 "악법도 법이다."라고 말하고 독배를 마신 것으로 후세에 전해진 근거를 이 지점이 제공한 셈이다.

이런 당시 사정을 염두에 둔다고 하더라도 소크라테스 생각에는 문제가 있다. 소크라테스는 사회적 합의와 국가의 법을 혼동하는 잘못을 저지른다. 소크라테스가 암묵적으로 아테네 공동체에 살겠다고 사회적 합의를 한 것은 맞지만, 그것이 곧 아테네 법을 따르겠다는 의미는 아니다. 사회적 합의와 법은 다르기 때문이다. 아테네에 살겠다고 사회적 합의를 한 것은 아테네가 소크라테스 생명과 재산과 자유를 보장해 주는 좋은 공동체이기 때문이다. 그런데 아테네 법이 부당하게 소크라테스 생명을 빼앗으려 한다면 그것은 아테네 공동체와 소크라테스 사이의 사회적 합의에 어긋난다. 소크라테스가 아테네에 산 것은 아테네 공동체가 소크라테스 생명과 재산과 자유를 보장해 주기 때문이므로, 소크라테스 생명을 빼앗으려는 법은 사회적 합의에 부합할 수 없는 것이다.

"보통 사람들은 잘 모르겠지만, 철학에 제대로 전념하는 사람들은 죽는 것과 죽음 이외에는 아무것도 추구하지 않아. 그것이 사실이라면, 평생 죽는 것과 죽음만을 추구하던 그들이 오래 전부터 바라고 추구하던 것이 왔다고 해서 화를 내는 것은 이상하네. […]

죽음은 다름 아니라 혼이 몸에서 분리되는 것이겠지? 또 죽었다는 것은 몸이 혼에서 분리되어 혼자 있고, 혼이 몸에서 분리되어 혼자 있는 상태

이겠지? 죽음이 그것 말고 다른 것일 수 있을까?"(『파이돈』, 64a-c)

소크라테스가 죽음을 순순히 받아들인 또 다른 이유가 있다. 소크라테스는 육체가 죽으면 영혼은 죽지 않고 저승인 하데스로 간다고 생각한다. 그리고 그 하데스에는 과거에 죽은 무수한 성인이 있다. 죽는 것은 과거 성인들의 지혜와 만날 수 있는 좋은 기회다. 소크라테스의 제자 플라톤도 '철학적 사유'는 더러운 육체에서 순수한 영혼이 이탈해서 죽음 상태에 가까워야 가능하다고 말한다. 소크라테스는 죽음을 긍정한다.

"우리 논의에 따르면, 우리가 추구하며 사랑한다고 말하는 지혜는 생전이 아니라 사후에나 획득할 수 있을 것 같소. 몸과 함께해서는 어떤 순수한 지식도 획득할 수 없다면, 지식은 어디에서도 획득할 수 없거나 아니면 사후에나 획득할 수 있거나 둘 중 하나일 테니 말이오."(『파이돈』, 66e-67a)

소크라테스는 죽기 전 친구이자 제자인 크리톤에게 당부한다. 자기가 죽거들랑 아스클레피오스 신에게 자기 대신 수탉 한 마리를 바쳐 달라고 말이다. 아스클레피오스 신은 의술(醫術)의 신이다. 즉, 병을 낫게 하는 신이다. 소크라테스는 죽으면서 왜 하필 아스클레피오스 신에게 수탉 한 마리를 바쳐 달라고 부탁했을까? 그는 죽는다는 것은 일종의 질병을 치료하는 것이라고 생각했다. 삶은 질병이다. 삶은 인간의 순수한 영혼이 더러운 감옥과 같은 육체에 갇혀 있는 상태다. 그래서 마침내 죽으면 더러운 감옥인 육체에서 순수한 영혼이 해방되므로 삶의 질병을 치료하는 셈이다. 그래서 소크라테스는 죽음을 앞두고 크리톤에게 부탁한다.

> "크리톤, 아스클레피오스에게 내가 수탉 한 마리를 빚지고 있네. 기억해두었다가 갚아 주게."(『파이돈』, 118a)

소크라테스는 악법도 법이라고 생각해서 독배를 순순히 마시고 죽은 것이 아니다. 그는 죽음을 찬양하는 사람이라서, 죽음이란 더러운 육체에서 영혼이 정화되어 나오는 것이라고 생각한 사람이라서 기꺼이 독배를 마신 것이다. 이런 면에서 소크라테스가 성인이라면 죽음을 찬양하는 일은 인류가 떠받들어야 할 일이 되는 셈이다. 소크라테스는 하루빨리 죽음을 맞이하기를 원했고, 아테네 시민들이 자기를 죽여주기를 원해서 그렇게 집요하게 그들을 괴롭혔는지도 모른다.

'아스클레피오스' 신에게 바친 수탉 한 마리
: 죽음을 찬양하다

아스클레피오스(Asklepios) 신을 라틴어로는 아에스쿨라피우스 (Aesculapius)라고 한다. 그리스와 로마 신화에서 동일하게 의학과 치료의 신으로 등장한다. 어머니는 테살리아의 왕녀 코로니스고, 아폴론이 그녀를 애인으로 삼았을 때 같이 살 수 없으니 은빛 까마귀를 전령으로 내려 준다. 하지만 코로니스는 다른 남성과 바람이 났고, 은빛 까마귀는 이를 잽싸게 아폴론에게 알린다. 이에 분노한 아폴론은 코로니스를 활로 쏴 죽이지만 금세 후회한다. 그래서 고자질한 은빛 까마귀를 검게 만들어 버린다. 코로니스는 죽을 당시 임신한 상태였는데, 아폴론은 이 아이를 구해 준다. 이 아이가 바로 아스클레피오스다.

그 이후 켄타우로스 현자인 케이론이 맡아 키운다. 케이론의 딸 오퀴로에는 그의 운명을 예언하는 바람에 신들의 비밀을 누설한 죄로 반인

반마에서 완전한 말로 변하고 만다. 아스클레피오스는 케이론에게서 죽은 사람도 되살릴 수 있는 위대한 의술을 배운다. 아르테미스가 죽은 히폴리토스를 데려오자 그를 살려 주는데, 이것이 운명의 여신들과 하데스의 화를 돋운다. 그래서 제우스의 번개를 맞고 죽게 된다. 이에 아폴론은 분노해서 번개를 만든 키클롭스들을 몰살시킨다. 제우스가 키클롭스들을 되살린 후 아폴론을 달래는 과정에서 아스클레피오스는 의술의 신이 된다.

소크라테스는 플라톤의 대화편 『파이돈』에서 친구이자 제자인 크리톤에게 부탁한다. 자신이 죽거든 대신 아스클레피오스 신에게 수탉 한 마리를 바쳐 달라고 말이다. 죽은 자신은 아스클레피오스 신에게 진 빚을 갚을 수 없으니 대신 크리톤이 갚아 주기를 바라는 것이다. 독배를 마셔 온몸에 독약이 퍼져 몇 초 후에는 목숨이 끊어질 상황에서 질병을 치유하는 신인 아스클레피오스에게 수탉 한 마리를 바쳐 달라고 하다니, 이것은 또 얼마나 아이러니인가! 수탉 한 마리를 공양으로 받은 아스클레피오스 신 입장에서는 상당히 의아한 행동이지 않았을까?

소크라테스는 인간 존재가 이원적(二元的)이라고 본다. 즉, 신체(소마)에 영혼(프시케)이 깃들어서 인간 존재가 되었다고 본다. 신체는 이 세계에 있는 물, 불, 공기, 흙 같은 혼돈(카오스)의 4원소로 만들어진다. 영혼은 저편 세계에서 온 질서 있고 조화롭고 순수한 것이다. 영혼은 신체에 갇히기 전까지는 감각의 때가 묻지 않은 상태이므로 이성적 사유 능력으로 지혜를 볼 수 있다. 하지만 인간이 태어나는 순간 영혼은 신체에 갇히고 더럽혀져 원래 알던 지혜에서 멀어진다.

철학자는 이렇게 멀어진 지혜를 다시 되찾는 일을 해야만 하는 사람이다. 그리고 지혜를 되찾으려면 신체와 감각에 더럽혀진 영혼을 구출해야 한다. 인간 영혼을 감옥(세마) 같은 신체에서 탈출할 수 있도록 도와야 한다. 영혼이 신체의 감옥에서 탈출하려면 죽음에 가까워야 한다. 그래서 철학자는 삶을 싫어하고 죽음을 좋아하는 존재다. 철학자는 살아 있으면서도 지속적으로 죽음에 가까워지려고 노력한다. 철학하기는 죽음 연습하기인 셈이다. 그래야만 영혼은 더러운 신체에서 빠져나와 정화(카타르시스)된 상태가 되고, 궁극적으로 지혜를 깨달을 수 있다.

소크라테스뿐만이 아니다. 서양 철학사를 살펴보면, 죽음을 예찬하고 삶을 경멸하는 태도를 여러 곳에서 발견할 수 있다. 쇼펜하우어의 염세주의도 그러하며, 하이데거의 실존 철학도 그러하다. 삶을 살고 있는 상태에서 경멸한다는 것은 모순이며, 죽지 않은 상태에서 죽음을 예찬하는 것도 모순이다. 그런데도 소크라테스는 너무도 당당하게 죽음이야 말로 인간 영혼을 정화해서 순수하게 만든다고 버젓이 말한다. 이런 죽음에 대한 집착을 굳이 정신병증 용어로 설명하자면 오토－네크로필리아(auto-necrophilia)라고 할 수 있다. 자신의 신체를 죽임으로써 성적 쾌감을 느끼는 성도착증 말이다.

어쨌든 소크라테스는 죽음을 긍정한다. 죽음으로 영혼을 정화하고 대단한 지혜도 얻을 수 있을 것이라고 짐작한다. 아울러 소크라테스는 삶을 경멸하고 혐오한다. 신체 속에 머물러 있다는 것은 영혼을 질병에 빠뜨리는 것과 같다고 생각한다. 그래서 지금 독배를 마시고 죽게 된 것은 치유의 신인 아스클레피오스가 엄청나게 힘을 써 주었기 때문이라고 생각하는 것이다. 이런 아스클레피오스 신에게 보답하는 뜻에서 수탉 한 마리를 바쳐야 하는데, 자신은 죽을 것이기 때문에 그렇게 할 수 없다. 따라서 크리톤에게 대신 아스클레피오스 신에게 수탉 한 마리를 바쳐 달라고 부탁한 것이다.

하지만 아스클레피오스는 죽음을 찬양하거나 예찬하는 신이 아니다. 죽은 사람조차 살릴 만큼 삶을 긍정하는 신이다. 자신이 죽은 히폴리토스를 살리면 운명의 여신과 하데스에게 미움받을 것을 아는데도 살려낸다. 즉, 자신을 죽여서라도 다른 사람의 생명을 살려 내는 것이 아스클레피오스인 것이다. 이런 아스클레피오스를 소크라테스는 제멋대로 정의해 버린다. 삶의 질병을 치유해서 인간을 죽음에 이르게 하는 신이라고 왜곡해서 정의를 내려 버린다. 소크라테스는 아스클레피오스를 자신의 철학에 억지로 끼워 맞추는 또 다른 잘못도 범한 것이다.

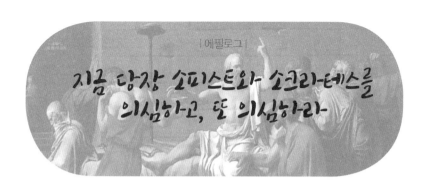

지금 당장 소피스트와 소크라테스를 의심하고, 또 의심하라

고대 헬라스인에게서 인생을 잘 사는 방법론을 배울 수는 없을까? 이것이 필자가 책을 쓰면서 고민한 바다. 그러려면 먼저 필자 머릿속에 들어 있는 교과서적 지식들을 모두 몰아내야 한다. 학교에 다닐 때는 몰랐는데, 지금에 와서 보니 교과서는 머릿속 잡념을 증폭시키는 역할만 할 뿐인가 보다.

필자에게 교과서는 소피스트를 궤변론자로 가르쳤다. 또 소크라테스는 위대한 성인으로 가르쳤다. 학교 선생님이 가르치는 말씀이, 교과서에 수록된 내용이 모두 진리였던 때 필자는 그렇게 배웠다. 그토록 어리석고 순진했던 필자는 학교에서 배운 것들이 결코 거짓말이라고는 생각하지 않았다.

나이가 들고 학교 교육에서 한참 멀어져서야 학교에서 배운 것이 새

빨간 거짓말일지도 모른다는 생각이 들었다. 잘못 알고 있는 소피스트와 소크라테스를 올바르게 안다면 내 삶의 방황도 종식할 수 있지 않을까 싶었다. 소피스트는 궤변론자가 아니라 말 그대로 지혜로운 자가 아닐까? 성인이라고 하기에 소크라테스는 뭔가 문제가 좀 있어 보이는데…….

더 많은 자료를 공부할 필요가 있었다. 그리고 공부하면 할수록 필자가 한 의심이 근거가 없지 않다는 것을 알았다. 우리는 이제껏 소피스트와 소크라테스를 정반대로 잘못 배워 왔던 것이다. 삶을 살아가는 데 필요한 좋은 충고를 하는 사람은 소피스트이지 소크라테스가 아니었던 것이다.

아포리아는 '앞이 꽉 막힌 골목'이라는 의미다. 이제껏 좋은 삶의 방법론을 배우지 못하고 방황했던 것은 어쩌면 학교와 교과서가 내 삶의 아포리아였기 때문이리라. 하지만 이 문제는 학교와 교과서를 나무랄 일이 아니었다. 결국 필자가 삶을 잘 살지 못한 것은 스스로 삶의 아포리아를 해결하려는 노력을 게을리했기 때문이다.

무슨 일이든 마찬가지겠지만, 역시 내 발로 걸어야 그 길에서 꽃향기도 맡을 수 있고 새 소리도 들을 수 있다. 남아 있는 소피스트들의 글은 얼마 없지만, 그래도 최선을 다해 그들의 원전을 보고자 노력했다. 소크라테스와 직접적인 관련성이 있어 보이는 플라톤의 초기 대화편들을 여러 번 보았다. 필자가 한 의심은 어느덧 확신으로 바뀌었다. 소피스트야말로 그 당시에는 혁명적인 철학가였고, 소크라테스는 고리타분한 보수주의 철학가였던 것이다.

비로소 삶을 가로막고 있던 아포리아도 조금씩 뚫리고 있음을 느꼈다. 철학 공부, 특히 서양 고대 철학 공부가 단지 암기용 지식이 아니라, 지금 여기에 있는 내 삶을 살아가는 데 큰 동반자가 된다는 것을 알았다. 죽은 철학은 죽은 것이 아니라, 필자가 죽었다고 착각한 것에 지나지 않음도 알았다. 죽은 것처럼 보이는 철학을 삶의 동반자로 힘차게 살아 있게 하는 것은 그 누구도 아닌 필자 스스로 해야 할 일이었다.

책을 씀으로써 다른 사람에게도 소피스트와 소크라테스를 의심할 수 있는 기회를 주는 것은 의미 있는 일이다. 필자는 나름대로 최선을 다해 의심하고 책을 썼지만, 다른 사람도 최선을 다해 이 책을 의심해 주면 좋겠다. 이런 독자가 있어야만 책을 쓰는 보람도 있으리라고 믿어 의심치 않는다. 모든 교조적인 믿음을 깨뜨리고 의심의 창을 높이 들어야 마침내 삶의 아포리아도 열리고, 더불어 행복한 삶도 살 수 있으리라 믿는다.

10대를 위한 철학 콘서트, 고대 그리스 철학의 모든 것

'함께하는 동행, 100년의 약속'을 위한
행복한 청소년 프로젝트

No.01 박예은 외 글 | 홍종남 기획

나는 가출하기로
결심했다

No.02 진유정 글 | 홍종남 기획

암행어사가 여자라고?

No.03 최예원 글 | 홍종남 기획

피리부는 사나이,
그 후 이야기

No.04 강하은 글 | 홍종남 기획

언니라고 불러도 돼요

No.05 권소라 글 | 홍종남 기획

대입수시전형,
자기소개서로 승부하라

No.06 권소라 글 | 홍종남 기획

십대들이여,
진로를 탐하라

No.07 리강 글 | 홍종남 기획

악법도 법이다,
소크라테스는 말하지 않았다

행복한미래
함께하는 교육, 100년의 약속

'함께하는 교육, 100년의 약속'을 위한
행복 교육 프로젝트

No.10 정민수 글 | 홍종남 기획

수업성숙도,
교사의 강점을 담다

No.11 이현정 외 글 | 홍종남 기획

프로젝트 수업,
배움을 디자인하다

No.12 김진수 글 | 홍종남 기획

행복한 수업을 위한
독서교육 콘서트

No.13 이성대 글

배움이 없는 학교,
프레임을 바꿔라

No.14 최무연 글 | 홍종남 기획

수업은 기획이다

No.15 정선아 글 | 홍종남 기획

교사는 아이들과 함께
성장한다

No.16 하건예 글 | 홍종남 기획

교사, 교육전문가로
성장하다

No.17 이경원 글 | 홍종남 기획

교사의 탄생

No.18 김경훈 글 | 홍종남 기획

토의토론수업,
배움을 디자인하다

대한민국 청소년들의 멘토!
권소라, 강하은 작가의 도서를 만나보세요

권소라 지음 | 12,000원

권소라 님의 **추천도서**

★ 경남교육청 통합공공도서관 추천도서

★ 2018년 학교도서관사서협의회 추천도서
『대입수시전형, 자기소개서로 승부하라』

청소년 진로 멘토, 권소라의 진로 톡! Talk?

고민과 시행착오 끝에 내가 내린 답은, 꿈은 이루는 것이
아니라 이루어나가는 것, 즉 '현재 진행형'이라는 것이었다.
그런 의미에서 직업은 '도달해야 할 어딘가'가 아닌, 어떤
곳에 도달하기 위해 '내가 입고 갈 옷'이고 꿈은 이 옷을
입고 내가 살게 될 삶이라는 생각이 들었다.

나는 언젠가부터 위기에 처할 때마다 백신을 맞는다는
생각을 하게 되었다. 지금 잠깐 따끔하면 설령 더 큰 위기가
찾아오더라도 덜 흔들릴 수 있을 것이다.

강하은 지음 | 10,000원

강하은 님의 **추천도서**

★ 문화체육관광부 청소년 북토큰 선정도서

★ 2018년 학교도서관사서협의회 추천도서

청소년 진로 멘토, 강하은의 힐링 톡! Talk?

나는 과연 누구의 꿈을 꾸고 있는가 하는 생각이 들었어요.
저에게 잔뜩 기대를 품으신 부모님의 꿈? 선생님들의 꿈?
우리나라 사람들의 일반적인 꿈? 수많은 물음이 오갔지만
제가 확실히 말할 수 있던 건 제가 결코 저 자신의 꿈을 꾸고
있지는 않다는 것이었어요.
여러분이 처음 느끼는 그 감정은 '삶에 대한 회의감'이에요.
내가 원하는 게 있고 원하지 않는 게 있는데 마음대로 할 수
없는 현실에 대한 반항심이지요. 그런데 거꾸로 생각해보면
이 회의감은 삶에 대한 열정으로부터 나와요. 한 번 사는
삶이니 내 마음이 가는 대로 살고 싶다는 그 건강한 열정이
'내가 지금 잘 살고 있는가? 내가 왜 이걸 해야 하는가?'
하는 물음에 이르게 하는 거지요.